活中論

巨大化&混迷化の中国と日本のチャンス

近藤大介
Daisuke Kondo

講談社

はじめに

2017年1月20日を境にして、世界の「風景」が一変した――。

私たちはいま、前世紀のベルリンの壁崩壊からソ連崩壊に至る冷戦終結後、最大の激変のさなかに投げ出されたことを自覚し始めている。その「震源地」は、ワシントンのホワイトハウスである。

次の二つのスピーチを読み較べてみてほしい。

「私たちはこれまで、アメリカの産業を犠牲にして、他国の産業を豊かにしてきた。他国の軍隊を支援し、アメリカ軍を犠牲にしてきた。他国の国境を守りながら、アメリカの国境を疎《おろそ》かにしてきた。その結果、一つまた一つと工場が閉鎖され、他国に移転していった。中間層の資産は、世界中に再分配されていった。

しかしこうしたことは、もはや過去のことだ。いまこの瞬間から、アメリカ・ファーストとなる。貿易、税金、移民、外交などの問題に対する決断は例外なく、アメリカの労働者と家族の利益のために下す。他国がアメリカの製品を作り、アメリカ企業を奪い、アメリカの雇用を破壊する略奪から、国を守らなければならない！」

「世界が直面する不確実性を、経済のグローバル化のせいにするのは正しくないし、問題解決の助けにもならない。

経済のグローバル化は、社会の生産力の発展と科学技術の進歩による歴史の必然的な要求であり、帰結である。それなのに経済のグローバル化がもたらした問題があるからといって、それを撲殺しようとするのは愚かな行為だ。

私たちの正しい選択は、経済のグローバル化がもたらしたチャンスを十分に利用し、チャレンジに一致して立ち向かい、世界をよりよいグローバル化の道へと導いてやることだ。貿易と投資の自由化と利便化を推進していくのが筋であって、保護主義への反対を旗色鮮明にすべきだ。保護主義を掲げることは、暗室に籠《こも》って雨風に打たれるのを避けているようなもので、陽光や新鮮な空気からも隔絶されてしまう。他国に貿易戦争を仕掛けても、双方が傷つくだけで無意味だ」

前者は1月20日のトランプ大統領の就任演説で、後者は1月17日に、スイスのダボス会議（世界経済フォーラム年次総会）に参加した習近平主席のオープニング・スピーチである。日本人として、このどちらのスピーチに共感できるだろうか？

実は本質的には、習近平主席はトランプ大統領とよく似た一面を持っている。「中華民族の偉大なる復興の実現」という習近平政権のスローガンは、「メイク・アメリカ・グレート・アゲイン」というトランプ政権のスローガンと瓜二つだ。南シナ海などに「国境の壁」を築こうとしている点も共通している。それでも「4000年の外交大国」である中国は、トランプ政権のような「ゼロサム和」的外交はおくびにも出さず、他国との「ダブルウィン」の関係を標榜している。

そんな習近平政権は、日本では不人気で、内閣府が2016年12月に発表した世論調査によれば、いまの中国に「親しみを感じない」という人が80・5％、いまの日中関係は「良好だと思わない」という人が83・0％に達する。だが、メキシコがアメリカの隣から引っ越せず、アメリカと戦争するわけにいかないのと同様、日本も中国の隣から引っ越せないし、中国と戦争するわけにはいかない。

そもそもこれまで日本が、中国に対して「強気一辺倒」で臨んでいけたのは、超大国アメリカというパートナーが、バックに控えていたからである。しかし、日本が新たな「中国包囲網」としてアメリカと二人三脚で進めてきたTPP（環太平洋パートナーシップ協定）は、トランプ政権発足からわずか4日目にして、大統領令によって葬られてしまった。トランプ政権は、いまのところ日米同盟の重要性を強調しているが、かつて日本の頭ごなしに米中和解を断行した「ニクソン・ショック」の二の舞が起こらないという保証はどこにもない。

大西洋の彼方でも、これまでロシアに対して「強気一辺倒」で臨んできたEUが揺らいでいる。EUの頭ごなしに、トランプ政権がロシアのプーチン政権と握手してしまうのではと、疑心暗鬼に陥っている。

このように、21世紀のグローバリズムの反動が生んだドナルド・トランプという「モンスター」によって、世界の秩序は再編を迫られている。日本としても、アメリカを頼らない自立した外交の構築を模索する時に来ている。

その際たるものが、対中外交の再構築である。アメリカというバックが揺らいできた中で、これまでのように「中国に対抗する外交」ばかりを進めていては、日本の国益を損ねてしまう。それよりも好き嫌いはいったん措《お》いて、日本は、アジア最大の強国と化した中国を活用する道を探っていくべきである。それが本書の主旨であり、私は「活中論」と名づけた。

第1章では、トランプ時代を迎えて、日本と中国のアジアでの立ち位置、及び日中関係が大きく変化していくことを述べた。中国の強大化とアメリカの不確実性によって、日本は変革を迫られている。

第2章と第3章は、それぞれ中国の政治と経済にスポットを当てて、その最新事情を述べた。中国を活用していくには、何よりも中国の現状を識《し》る必要がある。アメリカ国内で「反トランプ旋風」が吹き荒れているように、中国国内でも強硬な習近平政権に対する「静かなる抵抗」が起こっている。また、自由化と民営化に逆行する習近平政権の経済政策は、中国経済の停滞を招いている。だが、それでもTPPに代わって、日中韓FTA(自由貿易協定)やRCEP(東アジア地域包括的経済連携)を日中で進めていく意義は十分あると言える。

第4章では、私が北京と上海を闊歩し、「活中論」の現場を追った。中国の都市部では現在、共産党や社会主義、反日といった「旧世界」とはまったく異なる「新世界」が勃興していて、彼ら若い世代が社会を変えようとしている。日本にとって幸いなことに、「新世界」の中国人は基本的に親日である。

私は、1989年の天安門事件以降、一貫して中国を観察してきた。本書は、『「中国模式」の衝撃』(2012年)、『対中戦略』(2013年)、『日中「再」逆転』(同年)、『中国経済「1100兆円破綻」の衝撃』(2015年)、『パックス・チャイナ　中華帝国の野望』(2016年)に続く、習近平政権分析の第6弾である。

前述の内閣府の調査には、「今後の日本と中国との関係の発展は、両国や、アジア及び太平洋地域にとって重要だと思うか」という一問もあったが、これに対しては実に72・9%の日本人が、「重要だと思う」と回答している。まことに賢明な回答だと思う。

本書は、いわゆる「親中本」でも「嫌中本」でもない。世界が激変していく中で、明日の日本の展望を議論する際の叩き台にしていただければ幸甚である。
中国は、日本にとって活用しがいのある大国である。

近藤大介

目次

はじめに ―― I

第1章　トランプ政権で激変する日米中関係 ―― II

戦々恐々とする中国／緊迫する首相官邸／TPPでも安全保障でもすれ違う日米／トランプ政権誕生は中国にとって100年に一度のチャンス／「商人大統領」とは相性がいい／対中強硬に転じたオバマ政権後期／台湾問題で早くも米中衝突／内を向くアメリカと力の空白／日本はトランプ・アメリカには頼れない／「中国に対抗」する時代から「中国を活用」する時代へ／2016年中国船尖閣近海襲来事件／襲来事件の真相／日清戦争前の日中といまの日中

第2章　権力集中という最大リスク　73

「核心」となった習近平／「反腐敗」という名の権力闘争／習近平＝神？／反発と弾圧／習の攻撃、李の抵抗／加速する個人崇拝／司会役をやらされる李首相／「団派」への宣戦布告／盟友・王岐山の引退表明／大量の紀律検査担当者も腐敗／警官たちが市民を殺害

第3章　混迷深まる中国経済　139

底に来ることに成功する？／治安維持と開放のバランス／経済オンチのナンバー1／「新常態」という方便／国有企業焼け太り改革案／証券市場機能せず／国家統計局長亡命未遂事件／鉄鋼不振に揺れる東北三省／国有企業トップの自殺／ゾンビ企業の実態／鬼城対策／不動産バブルの演出／突然のマンション購入制限令／経済状況が日本に伝わらなくなった理由／資金流出が止まらない／官僚の不作為の年

第4章　日本が付き合うのは「新しい中国」

日本人のいない上海／「おひとり様の日」一日で売り上げ2兆円／「いまさら中国」ではなく「いまだから中国」／上海を席巻する自転車シェアリングサービス／中国版Uberの快進撃／中国で作れないものは日本から買う／『君の名は。』の大ヒット／「新」と「旧」、二つの中国／中国からの投資を呼び込め

第1章　トランプ政権で激変する日米中関係

戦々恐々とする中国

２０１７年1月20日、ドナルド・トランプ政権がアメリカで出帆した。

私は、就任セレモニーの様子を、中国中央電視台（ＣＣＴＶ）のインターネット生放送で見ていた。魏雪嬌ワシントン特派員が、高揚した様子で伝えた。

「こちらワシントンは、『反特《ファントゥ》』（反トランプ）の嵐です！　反対派を抑えるために1億ドル以上の警備費をかけ、２万８０００人の警官が市の中心部を厳戒パトロール。すでに反対派の１００人以上を逮捕しています。就任時の支持率は38％で、60人もの民主党議員が不参加。そんな中で『核のボタン』が、オバマからトランプへと引き渡されたのです」

北京のスタジオでは、アナウンサーの脇に、米中関係の専門家たちが居並び、次々に厳しい表情でコメントしていった。

「トランプ時代が始まったが、新大統領は政治家としての経験もないのだから、まず1年は学習期だ。そのため、約15人の顧問が周囲についている。その中でわれわれが警戒すべきは、国家通商会議の議長に就いたカリフォルニア大学教授のピーター・ナバロだ」

「トランプ新大統領は、まずは他国との『外交戦』よりもアメリカ国内の『内戦』を起こすだろう。だがアメリカの『内戦』には、中国も関係してくるからやっかいだ。『米国優先』ならまだよいが、『米国独行』は許さない」

「トランプは中国との関係を、単純な二国間関係としてしか見ていない。世界の中の中米関係の視点がない。テロ対策から気候問題まで、世界には中国とアメリカが協力して成しえる重要イシューが多く存在することを知るべきだ」

「『トランプ外交』は、まずはロシアに重点を置くだろうが、米ロの関係改善は、それほど簡単にはいかないはずだ。２００８年にメドベージェフ大統領が誕生した時も、米ロの雪解けと言われたが、すぐに対立を始めた」

「昔気質の商人であるトランプは、どうやら中米が国交正常化した１９７９年当時の中米関係を思い描いているようだ。いまや中国は名実ともに、世界ナンバー2の大国になったのだから、誤解を解いていかねばならない」

その後の中国の報道は、トランプ大統領が唱える国境の壁、すなわち保護貿易への警戒心が滲み出ていた。例えば、『第一財経日報』（1月22日付）は、「トランプは全面的な貿易の保護主義は実施できない」という見出しで、次のように報じた。

〈トランプノミクスとは、第一に貿易の保護主義を基調としている。ＮＡＦＴＡ（北米自由貿易協定）とＴＰＰ（環太平洋パートナーシップ協定）に強く反対し、中国からの輸入品に45％の関税をかけると言っている。

第二に、大胆な財政政策を打つ一方で減税するとしており、財政不均衡が起こってくる。5000億ドルのインフラ整備と、企業所得税の35%から15%への減税、及び個人所得税率の最高39・6%から25%への減税だ。

第三に、通貨政策の不確実性が増すことだ。トランプはFRB（米連邦準備制度理事会）の低金利政策を、資産バブルと株式バブルを助長するものとして、たびたび攻撃してきた。だがその一方で、積極的な財政政策のための国債発行やドル高是正には低金利政策が望ましいとも言っている。

第四に、就業を主目的とした産業政策を取ってくるだろう。この政策は、オバマ時代の「製造業回帰戦略」とは、似て非なるものだ。オバマ時代は最先端の製造業の回帰だったが、トランプ時代は旧式の製造業の回帰だ。

こうしたトランプノミクスは、第一に、高関税によって中国の貿易にマイナスの影響を与える。第二に、減税によるアメリカ投資が増えるから、中国企業の資金流出が起こる。第三に、アメリカが利上げに踏み切れば、さらに人民元安と資金流出を招くだろう〉

このように、中国ではトランプ政権の経済貿易政策への警戒感を隠さない論調が続いたのだった。

だが、軍事面では沈黙を保っていた。中国が沈黙している時は、じっとほくそ笑んでいることが多い。後述するように、世界最強国の「内向き志向」や、国内の混乱、近隣諸国との摩擦は、世界第2の強国である中国にとっては「天啓」なのである。

就任式のテレビ映像を見ていて私が印象的だったのは、トランプ新大統領が宣誓に臨む前、座席であまりに緊張して身体を小刻みに震わせ、何度も水を口にしていたことだ。その姿は、世界最強国のリーダーというより、ただの老人だった。その様子を見ていて、本人の強弁ぶりとは裏腹に、意外とパワフルな政権にはならないかもしれないと思った。

緊迫する首相官邸

就任式の2ヵ月余り前、日本時間2016年11月9日午後にもたらされた「トランプ候補勝利」の衝撃は、アジアの2大国、日本と中国をともに激震させた。

だが、その波動の伝わり方は正反対で、日本には「危機」として伝わり、中国には「機会」として伝わった。早い話が、日本は悲しみ、中国は喜んだのである。中国の「喜び」は、後述するように、クリントン大統領が実現しなくてよかったという「安堵」の面も大きかった。

まず、ドナルド・トランプ大統領誕生を受けて、霞が関の官庁街を取材すると、日本の官僚たちから聞こえてくるのは、怨嗟《えんさ》や呻《うめ》き声だった。

「これは、アメリカ発の新たな『9・11』テロ事件だ。2001年の時はアメリカの外からテロがやって来たが、15年経った今回は、全米で内部から地雷が炸裂した。しかもその結果、『過激派集団』は、ホワイトハウスの『占拠』に、まんまと成功してしまった……」

「夏にイギリスがEUから離脱を決めた時は、『これで世界が憎しみ合う暗黒の時代に逆戻りするかもしれない』と、強い衝撃を受けた。だが今回は、夏の50倍の衝撃だ……」

「ベルリンの壁が崩壊して27年、21世紀は『壁のない時代』になるかと思っていた。だがこれで、世界は新たな『壁の時代』に入った……」

さらに緊迫していたのは、首相官邸だった。首相官邸関係者が後に語ったところによれば、安倍晋三首相はこの日、外務省の杉山晋輔事務次官、石兼公博総合外交政策局長、森健良《たけお》北米局長らを次々に官邸に呼びつけては、当たり散らした。

「いったいどうなっているんだ！　外務省は『クリントン勝利で間違いありません』と、ずっと言い続けていたではないか。話が違う。TPP（環太平洋パートナーシップ協定）や日米同盟は、この先、どうなってしまうんだ？

とにかく一刻も早く、特に習近平（主席）よりも先に、トランプ次期大統領と電話をつないでくれ。そしてすぐに、特に習近平よりも先に、私が訪米してトランプ次期大統領と会えるようにしてくれ」

安倍首相はふだんから、中国の習近平主席を最大のライバルと考えている。そのため、「地球儀を俯瞰する外交」と自ら命名した「安倍外交」は、基本的に「中国と対抗する」ことを目的に戦略が立てられていた。

だがそれは前提として、アメリカという「親分」あってのことだった。トランプ候補は大統領選挙期間中、「割に合わなければアメリカ軍をアジアから撤退させる」「北朝鮮の核開発が脅威だと日本が言うのなら自国で核武装すればよい」「大統領に就任した日にTPPから脱退する」などと、安倍政権にとって聞き捨てならない放言を続けていた。そのため、「トランプ大統領誕生」の一報を伝え聞いた時、安倍首相は、「早くトランプ次期大統領と話をしなければ大変なことになる」と焦燥感に駆られたのだ。

TPPでも安全保障でもすれ違う日米

ニューヨーク時間の11月17日夕刻、安倍首相は、念願のトランプ次期大統領との面会を果たした。外国の首脳では、初めてかつ就任前の唯一の面会となった。

日本政府関係者によれば、まずTPPについて、両者の間で激論が交わされたという。

トランプ「ＴＰＰはアメリカの国益を損なうものだから、選挙期間中に明言していた通り、私が大統領に就任したら即刻、離脱する」

安倍「それは認識が間違っている。ＴＰＰはアメリカの国益に合致したもので、自動車分野から農業分野まで、日本やその他の参加国が、アメリカに大幅に譲歩して妥結に持ち込んだ」

トランプ「自分はそうは思わない。ＴＰＰはアメリカの製造業と雇用を破壊させる間違った協定であり、誰が何と言おうが離脱する」

安倍「ＴＰＰには、今後のアジア太平洋の経済貿易の主導権を、中国ではなくアメリカと日本が取っていくという戦略的な意味合いもある。もしＴＰＰがなくなれば、アジアの経済的覇権は中国に取られてしまう。だから日本としては、ここで止めるわけにはいかない」

トランプ「日本が止めるわけにいかないというなら、勝手に進めたらよいではないか。私は日本の行動に口出しはしない」

結局、ＴＰＰに関して両者は、完全決裂した。トランプは「公約」通り、２０１７年1月23日、大統領に就任してから4日目に「ＴＰＰからの離脱」の大統領令に署名した。

トランプタワーでは、安全保障分野に関しても、安倍はトランプに対して切々と訴えた。

「日米同盟はアジア地域の平和と安定の要であり、もしも日米同盟がいささかでも揺らぐことがあれば、アジア全域の覇権を中国に取られてしまう。中国は南シナ海を軍事要塞化し、わが国の尖閣諸島及び台湾の近海で挑発行為を繰り返している。アメリカのプレゼンスが弱まるとアジアは大混乱に陥って、アジアを最大の貿易拠点としているアメリカの国益を損ねることになる」

これに対してトランプは、「私は軍事分野については門外漢だから」と断って、会談に同席させたマイケル・フリン元国防情報局長官に説明させた。トランプ政権発足とともに、大統領安保担当補佐官としてホワイトハウス入りした元陸軍中将だ。

フリンはこう説明した。

「アメリカと日本の同盟は、グレート・パワーとローカル・パワーの関係だ。トランプ新政権下のアメリカは、今後とも世界中で抑止力を行使するグレート・パワーであり続けるが、各地域においてはローカル・パワーが主導的役割を果たすべきだ。

そのため、日本にもＮＡＴＯ（北大西洋条約機構）加盟国にも、ＧＤＰの２％を基準に、防衛費を増額してもらう。わが国は、必要な兵器と軍人を提供するが、その費用はローカル・パワーに負担してもらうということだ」

フリンが説いたのは、実はオバマ政権下の2012年1月に米国防総省が発表した新たな国防戦略指針『アメリカのグローバルなリーダーシップの維持：21世紀の国防優先事項』が示唆している「オフショア・バランシング」の戦略だった。

オフショア・バランシングとは、東アジアに関して言えば、アメリカ軍は東アジア地域から徐々に引いていき、グアム、ハワイ、アンカレッジを拠点とする。アメリカ軍は有事の際に駆けつけるが、平時においては、アメリカの同盟国である日本が中国を抑止し、同じく韓国が北朝鮮を抑止する、それによって現在の抑止能力を保持するという考え方だ。

この2012年版「国防戦略指針」では、同時に「リバランス戦略」を打ち出していた。それは、21世紀の初めの10年、アメリカ軍は中東を中心に展開したが、次の10年は東アジアにピボット（転回）させていくというものだ。要は新たな「中国包囲網」を築くということである。

このためバラク・オバマ大統領は、2014年4月の訪日時に、「尖閣諸島の防衛は日米安保第5条の適用に含まれる」と明言。2015年10月以降は、南シナ海における中国の軍事要塞化に対抗する「航行の自由作戦」を、2016年末までに公表しただけで4回敢行した。また、韓国軍との米韓合同軍事演習も規模を拡大。2016年7月には中国が「自国を狙うものだ」と猛反発しているTHAAD（終末高高度防衛ミサイル）の韓国配備を決定するなど、アジアへの関与を強めてきた。

それがトランプ新政権は、再びオフショア・バランシング戦略を持ち出してきたのである。中東問題の専門家であるフリンは、この戦略が中東で一定の成果を収めたことで、東アジアにも適用しようとしていた。

「中国軍がこれほど南シナ海の軍事要塞化を進めているのに、日本はいったいいつになったら南シナ海に自衛隊を繰り出してくれるんだ？」

トランプも畳みかけるように迫った。安倍はややたじろぎながらも反論した。

「2016年を通して、自衛隊の艦艇は、アフリカでの任務の往復その他で、75％以上の日数、南シナ海を航行している。それに2017年1月の通常国会で、ミサイル防衛関連費として新たに約1880億円を計上し、アメリカの兵器を購入する。日米同盟は引き続き、アジア地域の平和と安定の要だ」

今後、トランプ政権が日本に一層多くの武器・兵器を買わせようとするのは明白だった。トランプが中国や北朝鮮の脅威を口にするのは、日本や韓国、台湾などに兵器を買わせ、アメリカの防衛産業の雇用を増やすのが目的かもしれなかった。

この時の初会談は、予定時間の45分をはるかにオーバーして、1時間半に及んだ。安倍は、ゴルフが趣味のトランプのために、東京駅前の「本間ゴルフ」で購入した、1本50万円もする金ピカのドライバーをプレゼントした。ちなみに本間ゴルフは、2010年に中国企業が買収して、いまは中国企業である。

それに対しトランプは、お返しに安倍首相に、安いゴルフウェアと選挙で使っていた帽子を渡した。こちらの製品も、メイド・イン・チャイナだった。

トランプタワーを後にした安倍は、背筋が寒くなるのを覚えたことだろう。「TPPはもうご破算で、アジアの経済貿易の主導権は中国の手に移る。かつ近未来に、尖閣諸島を巡って日中が開戦したとしても、もはやアメリカ軍は守ってくれないかもしれない……」

だが、安倍首相にとって朗報もあった。それは「憲法を改正しないと自衛隊の南シナ海派遣はできない」と述べたところ、トランプは「それなら憲法改正したらいいではないか」と言い放ったことだった。会談後の安倍首相の顔に生気が漂っていたのは、悲願の憲法改正について「お墨付き」をもらったためだった。

ともあれ安倍政権は、2月3日に来日した対中強硬派のマティス新国防長官を味方につける形で、2月10日のワシントンでの日米首脳会談に臨んだのだった。

トランプ政権誕生は中国にとって100年に一度のチャンス

それでは隣国の中国は、どのような心中で、「トランプ大統領誕生」を受け止めたのだろうか。私は当選が決まった11月に北京と上海を訪問した。

結論から先に言えば、中国は日本とは、まさに別世界だった。一番印象的だったのは、会う人会う人、「特朗普《トランプ》でよかった」という言葉が、挨拶代わりになっていたことだ。しかも朗らかな笑顔で。ちなみに新華社通信は、トランプの漢字表記に「特に朗らか」という字を当てていた。

その3ヵ月前、2016年8月に私が訪中した時の挨拶言葉は、「抄了嗎《チャオラマ》？」（書き写した？）だった。中国共産党は、党員数8875万人（自民党員の90倍！ 2015年末現在）を擁する世界最大の政党だが、そのトップに君臨する習近平総書記は同年春、全党員に対して、約15000字の党章と、自らの講話を手書きで書き写すことを強要した。次章で述べるが、いわゆる「両学一做《リャンシュエイーツオ》」（二つの学習と一つの行為）と呼ばれる、習近平総書記に対する偶像崇拝化運動である。そのため、中国のエリート層である共産党員たちは、日中は職場で、夜には自宅で、まるで小学生のように「宿題」をやらされていたのだ。

だが2016年の晩秋は、夏に吹き荒れた「両学一做」の嵐は一段落し、話題はもっぱら「特朗普」だった。ある中国の外交関係者は、次のような見解を示した。

「『小事は智によって為し、大事は徳によって為すが、最上の大事は運によって為す』と言うではないか。習近平総書記には、やはり大運がついているのだよ。トランプ大統領誕生で、中国に『百年不遇的大機会』（１００年に一度のビッグチャンス）が到来したのだ。

　思えばこの夏、中国外交は四面楚歌に陥っていた。７月12日にハーグの常設仲裁裁判所が、南シナ海における中国の領有権には国際法的根拠がないとの判決を下した。アメリカはわが意を得たりとばかりに、南シナ海で『航行の自由作戦』を強化し、３月に安保法を施行した日本は、アジアにおけるアメリカの先兵役となる構えを見せた。

　もう一方の先兵役である韓国には、事実上わが国を標的としたＴＨＡＡＤを配備する準備が、着々と整えられた。加えて、アメリカと日本が中心になって、ＴＰＰという名の経済的中国包囲網を敷こうとしていた。

　だが、秋になったらどうだ？　まず、南シナ海で最大の難所だったフィリピンとの問題は、ドゥテルテ大統領が北京を訪れ（10月18〜21日）、『親中派宣言』してくれたことでクリアした。これを見たベトナムとマレーシアも中国に追随した。

　また、２０１５年まで『親中派』だったが、２０１６年に入ってＴＨＡＡＤ配備を宣言し、わが国との蜜月を解消した韓国の朴槿恵大統領は、10月下旬からスキャンダルに見舞われ、身動きが取れなくなった。

　そして、ＴＰＰ法案を（11月10日に衆議院で）可決した日本だ。その前日に、『ＴＰＰから即刻、離脱する』と公約しているトランプが、次期大統領に選出されたのだから、これは『鬧《ナオ》劇《ジュイ》』（茶番劇）というものではないか」

それでは中国はなぜ、ヒラリー・クリントン候補ではなく、トランプ候補が勝利した方が、自国にとって有利だと判断したのか。このことについても、この外交関係者は明確に答えた。

「クリントン新政権になったら、アジアで展開されるのは、オバマ政権の継続、というより強化だった。彼女は国務長官時代の2010年7月、ハノイで行われたARF（ASEAN地域フォーラム）に出席し、『南シナ海問題に関与していく』と宣言。アメリカ軍を中東中心から東アジア中心へと転回する旗振り役となり、わが国の強い影響下にあったベトナムとミャンマーを、アメリカの影響下へと置き換えた。そして、われわれが何より忌み嫌っている『航行の自由作戦』の推進論者だった。

これに対して、トランプ新政権は今後、中国に『四つの恩恵』をもたらすことが見込まれる。第一に選挙期間中、アメリカ軍のアジアからの撤退を公言していたので、実際に撤退することはないにせよ、その影響力は弱まるだろう。多分に内向きの政権になるということだ。第二に、経済的中国包囲網であるTPPの廃止だ。

第三に、新大統領に政治経験がないこと、及びアメリカ国内に多数の反対派を抱え込んでいることなどから、アメリカ自体の混乱と自壊が始まることだ。世界最強国アメリカの混乱と自壊は、第2の大国である中国との国力の差が相対的に縮まることを意味する。

第四に、トランプ新大統領が、商人であることだ。10月に『フィリピンのトランプ』ことドゥテルテ大統領が訪中した時、『国家はカネで転ぶ』ことが証明された。もちろん、超大国アメリカを親中派に寝返らせるためには、フィリピンよりもゼロが一つ増えるかもしれない。だが、『商人が治める国』がカネで転びやすいことに変わりはない」

「商人大統領」とは相性がいい

この外交関係者のコメントにもあったが、「トランプ勝利」を受けて訪問した北京でも上海でも、「トランプ＝商人」と捉える声を多く聞いた。例えば、次のような調子だ。

「『商人総統』（トランプ大統領）が、東洋で一番カネを命と考える中国人と波長が合わないわけがない。これからの時代は、アメリカ政治がビジネス化していくだろうから、まさに中国向きの時代と言える。そのため、アメリカとビジネスライクに『你好我好《ニーハオウォーハオ》』（両者ともに満足）の関係を築いていけば、『商人総統』は中国を味方と思うようになるだろう。わが国が中心となって設立したＡＩＩＢ（アジアインフラ投資銀行）にも加盟するに違いない」

「世界最強の軍隊の司令官であるアメリカの大統領というのは、コストを度外視して戦争に走りがちだが、トランプは商人だから、何よりもコストを考えて決断を下す。だから膨大なコストを要するアジア地域での中国との戦争など、ごめんだろう」

「トランプは選挙期間中、わが国に45％の関税を課すと宣言していた。調べてみたら、中米貿易は2016年1月から9月で、アメリカにとって2577億ドルの赤字だ（アメリカの対中輸入は3370億ドルで対中輸出は793億ドル）。

こんな額を是正するのは、世界第2の経済大国であるわが国には、さほど難しいことではない。何なら『商人総統』が公約している『メキシコ国境の壁』を、中国が造ってやってもいい。わが国には、全長7300キロもある万里の長城を造った実績があるのだから」

「大統領選挙でトランプ陣営が使っていた大量の赤いキャップは、すべてメイド・イン・チャイナで、正確には浙江省義烏の工場で作られたものだった。また、中国で『特朗普』関連の商標を確認してみたら、彼はすでに八十数種類も登録済みだった。抜け目のない商人だ」

「あのニューヨークのトランプタワーを見るがよい。あれこそ『金光閃閃《ジングアンシャンシャン》』という中国人の理想郷を体現しているではないか。だから世界中の人々がニューヨークを訪れると、自由の女神像へ行くが、中国人だけは真っ先にトランプタワーの前へ行って写真を撮る」

クリントン政権誕生を恐れていたせいもあるのだろうが、中国では、トランプ新政権に対する楽観論と期待論が交錯していた。それはまさに、日本で蔓延している悲観論とは対照的だった。

たしかに、私はこの時訪中した機内で、『トランプ自伝』(ちくま文庫)を読んだが、トランプ次期大統領が、まるで「アメリカに住む中国人」のような錯覚を覚えた。私はこれまで、中国を100回以上訪問し、北京には計4年住んだが、アメリカとの縁は中国ほど深くない。

そんな私から見て、『トランプ自伝』で彼の言動を追うと、「中国人の延長」として捉えられるのである。例えば、何事も持ち帰ったり会議にかけたりせず即断即決する習慣、データよりも直感を重視する経営手法、永遠の敵も味方もなく己の欲得に忠実な処世術、信じられるのは家族とカネだけだという人生哲学などなどである。

一言で言えば、ドナルド・トランプという人物は、中国人にとって、とっつきやすい存在なのだ。まさに、中国のどこにでもいる「老板《ラオバン》」(会社経営者)が、英語を話しているようなイメージである。

私は2016年11月の訪中時に、中国政府はトランプ新政権にどうアプローチしていくのかについても意見を聞いた。それに対する前出の中国の外交関係者の見解は、以下の通りだった。

「日本は『先発制人《シエンファージーレン》』(機先を制す)で、一刻も早くトランプとのパイプを築こうと、しゃかりきになった。だがわれわれは、『後発制人《ホウファージーレン》』の精神で、まずは様子見だ。実際には、半年も待てば、『特朗普』政権のボロが次々に出てきて、窮地に陥ると見ている。70歳の政治の素人が、いきなり世界最大の超大国を統率することなど不可能だからだ。

そうなったら『商人総統』は、世界第2の経済大国である中国の『老板』（習近平主席）に頭を下げて、商談しに来るに決まっている。ビジネスは結局、カネを持っている方が有利なのだから、相手の出方を慎重に見極めた上で動けばよいのだ」

「後発制人」という言葉は、日本の俗語で言う「後出しじゃんけん」に似ている。最後に出てくる者が制圧するという意味だ。

だが、「後発制人」とはいうものの、中国は手をこまねいているわけではない。すでに着々と、布石を打っている。この外交関係者は、その一端を明かした。

「われわれが行っているアプローチを、二点だけ教えよう。一点目は、副大統領に就任するマイク・ペンス・インディアナ州知事と、太いパイプを築くことだ。

これまでの副大統領は、『ホワイトハウスの盲腸』などと揶揄され、たいした役割は果たしてこなかったが、トランプ新政権におけるペンス副大統領の役割は重要だ。

中国では、『トランプ大統領は4年の任期内に大統領職を放り投げる可能性もある』との見方もあるほどだ。トランプの目標は『大統領の玉座に座ってみること』にあったわけで、根が商人のため、座り心地が悪ければ、サッサと降りてしまうかもしれない。そうなったらペンス副大統領が大統領職を代行することになる。

インディアナ州と中国で過去20年にわたって友好姉妹関係を結んでいるのが、習近平主席の最大の地盤である浙江省だ。習主席は、浙江省党委書記（省トップ）時代（２００２〜２００７年）、当時インディアナ州選出の下院議員だったペンス氏と交友があり、ペンス副大統領と習近平政権の中枢を担っている『浙江閥』との関係は深い。

二点目は、トランプの長女イヴァンカの夫であるジャレッド・クシュナーとも同様に、太いパイプを築くことだ。クシュナー氏は、トランプ政権最大のキーパーソンだからだ。

実はクシュナーと、習近平総書記が手塩にかけて育てた浙江省の企業、アリババ（中国最大のネット通販会社『阿里巴巴』）の馬雲《ジャック・マー》会長とはビジネス・パートナーで、ニューヨークで共に会社を興している。かつクシュナーの弟、ジョシュア・クシュナーの恋人であるカーリー・クロスは、有名なモデルで、２０１５年から華為《ファーウェイ》（人民解放軍出身者が興した中国最大の通信システムメーカー）が専属モデル契約をしている。その関係で、クシュナー兄弟とはすでに、良好な関係を築いている」

たしかに２０１７年1月9日、クシュナー氏の仲介によって、馬雲会長がニューヨークのトランプタワーを訪問し、トランプと45分間会談したのだった。

対中強硬に転じたオバマ政権後期

北京と上海で、中国の外交関係者たちと話していて、中国が思い描く「トランプ時代のアジア」の近未来図の輪郭が見えてきた。

それについて述べる前に、1979年に国交正常化を果たして以降の米中関係について、簡単に振り返っておきたい。

カーター、レーガン、ブッシュ父、クリントン、ブッシュJr.、オバマと続いた歴代のアメリカ政権において、米中関係は、共和党政権、民主党政権を問わず、だいたい似たパターンを辿ってきた。それは政権発足当初は、人権問題や貿易摩擦問題などで中国に対して手厳しいが、政権の後期になると俄然、中国ビジネスの旨みを知って、親中的になっていったことである。

レーガン大統領は当初、「中国と断交して再び台湾と国交を結ぶ」と公言していたが、やがて中国にミサイル輸出まで始めた。クリントン大統領は政権前期には、「人権問題を改善しない限り最恵国待遇は与えない」と上から目線だったが、政権後期には1200人もの経済人を引き連れて9日間も中国訪問した。ブッシュJr.大統領も政権前期、「悪の枢軸のバックで手を引く国がいる」と中国を非難したが、政権末期にリーマン・ショックが起こると、どの国よりも中国を頼った。

こうした中で、唯一の例外が、オバマ政権だったのである。オバマ政権の場合は、それまでの「強硬↓親中」というパターンが逆だったのだ。

2009年に就任したオバマ大統領は、発足当初こそ極めて親中的で、「アジアのことは中国と話して決める」と最初に断言したアメリカ大統領だった。それまでのアメリカ大統領は、「日本との同盟は最も重要な二国間関係だ」と、判で押したように述べていたからだ。そのため当時の胡錦濤政権は、「ついにアメリカは対中政策を改めた」と欣喜雀躍《きんきじゃくやく》した。

私は当時、北京に住んでいたのでよく覚えているが、2009年11月にオバマ大統領が初訪中した際には、「中国が強大で繁栄し、成功し、国際的役割を大いに果たすことを、アメリカは歓迎する」と共同声明で謳った。これに気をよくした胡錦濤政権は、その返礼として、上海ディズニーランドの建設を認可したのだった。

ところが2010年に入って、貿易摩擦、通貨摩擦、台湾への武器輸出、チベット問題などで米中関係に暗雲が垂れ込め始め、以後は視界不良になっていった。前述のようにオバマ政権は、かつての仇敵ベトナムと組んで中国に対抗していく構えを見せ、翌2011年には、ミャンマーのテインセイン親中政権を親米政権にひっくり返した。

これに対して中国は翌2012年4月、それまでフィリピンが実効支配していた南シナ海のスカボロー礁（黄岩島）を奪い取り、激昂したアメリカは、フィリピンとの軍事関係を復活させた。そんな中で、中国側は胡錦濤政権から習近平政権にバトンタッチしたのである。

２０１３年３月、習近平政権が正式に発足したことを受けて、オバマ政権は中国との関係改善に乗り出した。中国側も、国務長官が対中強硬派のクリントンから親中派のジョン・ケリーに交代したこともあって、対米関係改善を目指した。

オバマ大統領は同年6月、就任して3ヵ月しか経っていない習近平主席を、1泊2日でカリフォルニア州のアネンバーグ邸に招待した。前任の胡錦濤主席が訪米したのが、国家主席になって2年半後だったことを思えば、相当早い。しかも同盟国の安倍首相には1時間余りしかくれなかったのに、習近平主席とは8時間以上も首脳会談を行うという破格の厚遇で迎えたのだった。

そこで習近平政権は、早くも勝負に出た。それが、「新型の大国関係」という新たな両国関係の定位（位置づけ）だった。習近平主席は、オバマ大統領にこう述べた。

「広大な太平洋は、中国とアメリカという両大国を受け入れる十分な空間がある。中米双方は、新しい思考のもとで積極的に行動すべきだ。そこで『新型の大国関係』を構築していこうではないか」

「新型の大国関係」という言い方は、胡錦濤時代の2012年に作られた概念だったが、習近平新主席は、それを換骨奪胎して、自らの政権の「二大外交戦略」の一つに据えたのである。ちなみにもう一つは、近隣諸国との外交戦略である「一帯一路」（シルクロード経済ベルトと21世紀海上シルクロード）だ。

習近平が考える「新型の大国関係」とは、軍事問題の師匠である呉勝利前海軍司令員からの受け売りだった。2007年5月、北京でアメリカのティモシー・キーティング太平洋軍司令官一行を出迎えた呉勝利司令員は、キーティング司令官にかねてからの持論をぶつけた。

「中国とアメリカで、ハワイを境に太平洋を2分割しようではないか。アメリカは太平洋の東側半分と、大西洋を取る。それに対して中国は、太平洋の西側半分と、インド洋を取る。そうすれば、わざわざアメリカの艦隊が、遠く西太平洋の東アジアまで出向いてくる必要はなくなる。もし東アジアに用事がある時には、われわれに言ってくれればよい」

キーティング司令官はジョークかと思ったと回想しているが、呉勝利司令員は大真面目だったのだ。実際、それから6年後に、習近平新主席が「新型の大国関係」に昇華させたというわけだった。

「新型の大国関係」とは、具体的には「第一列島線」の内側からアメリカ軍を撤退させることを目標にしている。第一列島線とは、日本列島、台湾、フィリピン、大スンダ列島と続く南北のラインで、東シナ海と南シナ海のほぼ全域が含まれる。習近平政権は、この線の内側を「アメリカの海」から「中国の海」に変えないと、永遠にアジアに「パックス・チャイナ」(中国の覇権のもとでの平和)は築けないと考えているのである。

ところがオバマ政権は、アネンバーグ邸で行った習近平主席との最初の首脳会談で、この考えに警戒感を抱き、態度を保留した。それでも習近平は、オバマ大統領と首脳会談を行うたびに「新型の大国関係」を提案し続けた。

2014年11月の北京APECの時に行った「瀛台会談《インタイ》」(瀛台は中南海にある毛沢東元主席の旧居)で、オバマはついに、中国に譲歩を見せた。「アジアのことは中国に任せてもよいが、その代わり周辺諸国と摩擦を起こさないようにやってほしい」と注文をつけたのだ。

だが、同時期に国防長官が、親中派のチャック・ヘーゲルから対中強硬派のアシュトン・カーターに代わったことや、この「オバマ発言」以降、中国のサイバーテロや南シナ海の軍事要塞化が深刻化したことから、2015年9月のワシントン会談で、米中首脳は正面衝突した。私は、ホワイトハウスの公式晩餐会を終えて出てきた時の習近平主席のぶんむくれた表情をテレビ映像で見て、驚いてしまった。後に中国の外交関係者に聞くと、「習近平主席が他国の国家元首から叱りつけられた初めての光景」だったという。

以後、オバマ政権は南シナ海で「航行の自由作戦」を敢行し、韓国へのTHAAD配備を決め、台湾独立色の強い蔡英文新政権に肩入れし、日本を巻き込んで経済的中国包囲網であるTPPを推進し……と、対中強硬路線に走っていった。そのオバマ路線を継承するどころか、さらに強硬な路線を取ると中国が警戒していたのが、クリントンだったというわけだ。

台湾問題で早くも米中衝突

ところが、天はクリントン候補に味方しなかった。天啓を得たのは、オバマ政権とはまったく異なる考えを持つドナルド・トランプ候補だったのだ。

トランプは大統領就任前に二度、アジアで物議を醸す行為に出た。一度目は、1979年の中華民国（台湾）との国交断絶以来、アメリカ大統領もしくは次期大統領として初めて、アメリカ時間の12月2日に台湾総統（蔡英文総統）と、電話会談を行ったことだった。奇しくもこの日の中国共産党中央機関紙『人民日報』は、習近平主席とキッシンジャー元国務長官との北京での会談を1面トップで掲載し、「新時代の中米友好」を謳っていただけに、習近平は赤っ恥をかいた。

二度目は、12月11日に『FOXニュースサンデー』に出演したトランプが、「『一つの中国』政策を維持するかどうかは、中国の通貨政策、南シナ海での海洋進出、北朝鮮に圧力をかけるかなどを見極めてから決める」と発言したことだ。

アメリカと中国は、1972年から国交正常化交渉を始めたが、台湾が中国の一部かどうかという、いわゆる「一つの中国」問題を巡って、7年間も揉めた。中国は「台湾問題は国家の核心的問題である」として、世界一の超大国を相手に、「これを認めないと国交正常化はしない」と強硬だったのだ。結局、アメリカが中国の主張を「認識する」ということで決着した。

現在の習近平政権は、台湾独立を阻止するためなら、アメリカとの局地戦争も止むなしと考えている。そのため、このトランプ発言は看過できるものではなく、官製メディアを総動員してトランプ非難を始めた。習近平も大晦日の「国民向け新年祝辞」で、「領土主権と海洋権益に対するいかなる言いがかりも、中国人民は決して認めない」と強調した。同時に、2016年の年末から2017年の年初にかけて、空母「遼寧」が台湾を周回し、威嚇したのだった。

内を向くアメリカと力の空白

中国は、トランプ時代の世界について、次のような青写真を描いている。

まずアメリカは、急速に「内向き社会」になっていき、かつ国内が混乱していく。そして、かつてブッシュJr.大統領が公言していた「世界の警察官」の役割を徐々に放棄していく。

その結果、世界各地に「力の空白」が生まれる。こうした状態を、アメリカの未来予測学者イアン・ブレマー・ユーラシアグループ社長は、「G0《ゼロ》時代の到来」と呼んでいる。超大国が消滅し、どの国も「G＝グループ」を組まなくなる時代が来るという意味だ。

アメリカが「内向き社会」になると、世界各地に生じる「力の空白」をカバーするのは、その地域の大国の役割となる。具体的には、ヨーロッパでロシアの影響力が増大し、アジアでは中国の影響力が増大していく。

ところが、ロシアと中国が実際に「地域の大国」として君臨するには、荷が重い。どちらの大国も、それぞれの地域で尊敬を集めているとは決して言いがたいからだ。そこでヨーロッパではドイツとイギリスがサブ・リーダーに就き、アジアでは日本とインドがサブ・リーダーに就くという構図が生まれる。

つまり近未来の世界は、「三国志時代」、もしくは「三大国鼎立時代」に入っていく。アメリカ、中国、ロシアの三大国が、それぞれの地域で存在感を示していく時代である。

古代中国で「三国志」と言えば、漢王朝亡き後の魏・呉・蜀の角逐を指すが、21世紀の「米中ロ三国志」は、それとは似て非なるものだ。つまり世界を3分割するが、世界統一の野望を抱く国は、もはや存在しない。新たな三大国は、互いに干渉しないことを原則とし、自己のテリトリーの中で繁栄を目指すのである。

アジアにフォーカスしてみると、これはまさに習近平政権が目指している「新型の大国関係」、すなわちパックス・チャイナに他ならない。習近平政権が提案し、オバマ政権が押し返してきた「新型の大国関係」を、近未来にトランプ政権の方から、新たにお膳立てしてくれると、中国は考えているのである。「アジアのことは中国に任せるから、その代わりアメリカに利益を生むようにやってほしい」というわけだ。

日本はトランプ・アメリカには頼れない

翻って、2012年末に発足した安倍晋三政権は、これまで4年余りにわたって、「中国に対抗する」ことを、外交の基本方針に据えてきた。もしも今後、中国が考える世界観の方向に世の中が進んでいくならば、現行の安倍政権のやり方は通用しなくなってくる。その最大の理由は、日本が頼る同盟国のアメリカに、ハシゴを外されるリスクが高まるからである。

その典型例が、前述したTPPだ。TPPは、中国ではなく日米が中心となって、今後のアジア太平洋地域の自由貿易を牽引していくという試みだった。参加12ヵ国の交渉が妥結した2015年10月、図らずもオバマ大統領と安倍首相は、同じ発言をした。

「TPPは単なる経済協定ではない。これからのアジア太平洋における国際秩序を決めるのは、中国ではなくわれわれなのだ」

安倍政権はこうした方針に沿って、2016年12月9日、TPP法案を国会で批准した。だがトランプ新大統領は、2017年1月23日に大統領令に署名して、TPPから離脱したのだ。今後は代わって、日米FTA（自由貿易協定）のタフな交渉が始まることになる。

経済分野に関して、トランプ政権が次に翻意する可能性があるのは、AIIBへの加盟である。AIIBは2016年1月、アメリカと日本が中心になって運営してきたADB（アジア開発銀行）に対抗する形で設立された。アジアで参加していないのは、北朝鮮とブータン、日本くらいのものだ。

先進7ヵ国では、イギリス、ドイツ、フランス、イタリアが設立当初から参加していて、2016年8月には、新たにカナダも参加を決めた。

つまり、残りは日本とアメリカだけで、日本は「ガバナンスと透明性が確保されていない」として、参加を拒否している。かつ安倍政権は、ADBを強化することで、AIIBに対して激しい対抗意識を見せている。

だが今後、中国はアメリカに有利な条件を与えることで、アメリカをAIIBに引っ張り込もうとするだろう。これに対して、根っからのビジネスマンであるトランプ大統領は、AIIBがアメリカの経済的利益に見合うと判断すれば、日本の立場など一顧だにせず、参加を表明するに違いない。そうなると日本は、1972年2月にニクソン大統領が日本の頭ごしに訪中した「ニクソン・ショック」の二の舞になりかねない。

こうしたことが、軍事分野においても、徐々に起こってくる可能性がある。日米同盟についても、アメリカの利益になると確定できるものは残すが、そうと言えないものは変更を余儀なくされるということだ。特にトランプ大統領は、安全保障もビジネスと考えがちなので、兵力を残すことよりも兵器を売ることに力点を置くに違いない。

そもそもトランプ大統領を誕生させたアメリカの有権者たちは、「なぜアメリカが、太平洋を挟んだ遠い彼方にある日本を守らなくてはならないのか?」という根本的な疑問を抱いている。「そんな予算があるなら、自分たちの生活向上に回してほしい」というわけだ。

アメリカが相対的に衰退していることは、客観的なデータに照らしても顕著である。第二次世界大戦が終結した1945年には、アメリカは1ヵ国で、世界全体のGDPの半分以上を占めていた。だがそれから72年後の現在は、25%以下に後退している。一方、2位の中国は、世界全体の15%強まで上昇していて、すでにアメリカのGDPの6割を超えている。

また軍事費に関しても、アメリカ連邦予算のピークは、2010年度の7300億ドルだった。2011年8月から予算管理法が発効したため、2021年度までの10年間で、国防費を4870億ドルも削減しなければならなくなった。その後、変更があり、2013年度から2

021年度までの9年間で、4920億ドルの削減となった。年平均5兆円以上の大幅カットである（2017年度〔2016年10月〜17年9月〕国防予算は5827億ドル）。

これに対し、中国の軍事費は、天井知らずとまでは言わないが、最優先で確保されている。2016年3月に全国人民代表大会（国会）が可決した同年の軍事費は、アメリカに次いで世界2位の9543億元（約1380億ドル）である。かつ日本の防衛省の推定によれば、実際はこの額の1・6倍程度あるという。それに照らせば、2017年度のアメリカの軍事予算の4割近くに達する。

つまり、中国はすでに経済力でアメリカの6割、軍事力で4割の力を保持しているのである。かつアジアの海域に限定すれば、中国の軍事力はすでにアメリカを凌駕しているという日米の分析も出始めている。

そのため、利に敏いトランプ新政権が、アジアの海で中国と直接対決するとは考えにくい。それよりもアジアの諸問題を、中国と話し合って決めることで、アメリカの国益を確保しようとするだろう。

そのことは、2009年のオバマ政権発足時ですら同様だった。だがいまや、8年前と較べてアメリカは衰退し、中国は台頭している。つまり日本人が、「アメリカは引き続き、中国の脅威からアジアを守ってくれる」と考えるのは、いくらトランプ大統領がリップサービスしてくれたとしても、楽観的すぎると言わざるを得ない。

「中国に対抗」する時代から「中国を活用」する時代へ

そんな未曾有《みぞう》の時代が到来するにあたって、今後、日本としてやるべきことが三つある。

一つ目は、「日米同盟強化によってアメリカに多大な利益をもたらす」ということを、トランプ政権及びアメリカ国民に向かって、最大限アピールすることだ。そうしないと今後アメリカは、どんどん日本とアジアから「離反」していくだろう。

二つ目に、万が一アメリカが守ってくれなくなった時代に備えての「自立」も、同時に始めておくべきだ。「自立」という意味は二つあって、一つは尖閣諸島の百パーセント自衛隊による防衛システムの構築や、核武装、先制攻撃能力も含めた日本国内の自立的防衛の確立（憲法改正も含まれる）。もう一つは、アメリカに頼らない外交の推進である。

第二次世界大戦後の日本は、言ってみれば「トラの威を借るキツネ」のような外交を、70年も行ってきた。世界各国も、「日本のバックにはアメリカがいる」という固定観念があるからこそ、日本に対してそれなりに敬意を払ってきたわけだ。

ところがこれからは、アメリカが頼りにならなくなるリスクが出てきたのだから、日本の威厳は日本自身が示していかねばならない。

戦後の世界の外交は、外務省、軍、諜報機関という「三元外交」が常識になっている。だが日本だけは、外務省のみの「一元外交」で、足りない部分はアメリカに頼ってきた。

今後は日本も軍事能力を高めると同時に、諜報機関（日本版ＣＩＡ）の設置を目指した議論を進めていくべきだろう。つまり「普通の国」になっていかねばならないということだ。

そして、日本としてやるべきことの三つ目が、中国との関係改善である。アメリカが内向きになって引いていった後のアジアは、前述のように中国がリーダーとなるからだ。これは、古代アジアの姿に立ち返るということでもある。

21世紀に入って台頭した中国は、２０１０年にＧＤＰで日本を追い抜いて、アジア最大の、そしてアメリカに次ぐ世界第2の経済大国に成長した。いくら昨今、中国経済が減速しているとはいえ、中国経済はまもなく日本経済の3倍規模となる。

軍事的にも、中国の台頭は目覚ましい。２０１６年版の『防衛白書』によれば、中国対日本は、陸上兵力で１６０万人対14万人、海上兵力で１５０万トン対46万トン、航空兵力で２７１５機対４１０機である。中国の軍事予算は日本の約4倍に達し、核兵器、空母、次世代戦闘機、原子力潜水艦、サイバーテロ部隊、軍事衛星……と、際限なく増強している。純粋に日中が全面戦争に突入したら、日本がとてもかなう相手ではない。

他にも、人口、国土面積から国連における存在感（安保理常任理事国）まで、中国の方が日本よりも上である。かつアジアの多くの国と地域は、中国を最大の貿易相手国としている。

現在の習近平政権は日本で不人気だが、トランプ政権誕生とともに、徐々に「嫌中」を掲げるだけでは通用しない時代になっていくだろう。言ってみれば、習近平を「中国のトランプ」と捉えて、中国にいかに対抗するかではなく、中国といかに妥協点を見出していくかが、日本の行方を定めることになる。

妥協という言葉に抵抗があれば、「活用」と言い換えてもよい。中国をうまく活用する「活中」こそが、トランプ時代の日本の重要なキーワードなのである。

2016年中国船尖閣近海襲来事件

実際、巨竜と化した中国は、日本の対応の仕方次第で、いまや何をしでかすかわからない。そのことを如実に示したのが、2016年8月に起こった大量の中国船の「尖閣近海襲来事件」だった。この事件を、改めて振り返ってみたい。

8月5日13時半頃、中国漁船と中国海警船舶が、尖閣諸島周辺の日本の領海（島から約22キロ内の海域）に侵入してきた。

この情報は、現場に張りついている第11管区海上保安本部の21隻の船艇や11機の航空機から、那覇の海上保安部を通して東京・霞が関の海上保安庁本庁へ、逐一送られてきた。その後、海上保安庁本庁から外務省7階にあるアジア大洋州局へと通知された。

就任してまだ1ヵ月余りしか経っていない金杉憲治局長の指示で、15時過ぎに四方敬之《しかたのりゆき》参事官が、中国大使館に電話で抗議した。

だが、中国船は引き返すどころか、次々に押し寄せてきた。海上保安庁からは続々と情報が入ってきて、この日だけで海警船舶3隻と漁船7隻の計10隻もが、尖閣諸島周辺の領海に侵入してきた。日本としては由々しき事態だった。

そこで16時半頃、四方参事官が再び、中国大使館に抗議の電話を入れた。

2016年6月まで、丸3年にわたって外務省に君臨した斎木昭隆前次官は、対中強硬派として知られた。退任する4日前の6月9日、初めて尖閣諸島の接続水域（領海からさらに約22キロ内の海域）に中国人民解放軍の艦艇が侵入したことを受けて、異例の深夜2時に、程永華中国大使を外務省に呼びつけて猛抗議した。この武勇伝は外務省内で、「今後とも中国には毅然とした態度を貫くように」という斎木次官の「遺言」と理解されていた。

そんな斎木次官から6月14日にバトンタッチした杉山晋輔次官は、前任者と違って、むしろ対中宥和派と言えた。だが、首相官邸とも相談し、8月5日に初めて程永華中国大使を外務省へ召致した。そして直ちに、日本の領海及び接続水域から立ち退くよう抗議したのだった。程大使は、頬を硬直させながら、「釣魚島（尖閣諸島）は中国の領土であり、日本側こそ直ちに立ち退くべきだ」と逆ギレした。そこで外務省は、中国外交部の本省にも周知させるため、北京の日本大使館の伊藤康一次席公使からも、中国外交部の欧陽玉靖・辺境海洋事務司長に抗議の電話を入れた。

翌6日土曜日の朝、リオデジャネイロで夏のオリンピックが華々しく開幕し、この日から日本中が、地球の裏側で繰り広げられる世紀の祭典に夢中になった。安倍首相はと言えば、広島を訪問中で、平和記念公園では、原爆投下から71年目の記念式典が行われていた。

そんな中、外務省では、早朝から幹部たちが次々に本省に入って行き、半ばパニックに陥っていた。海上保安庁が、想像を絶する報告をしてきたのだ。

「本日0805頃、わが国尖閣諸島周辺の接続水域に、武器を搭載している船舶3隻を含む中国海警船舶6隻、及び中国漁船約230隻を確認しました」

「230隻だと!?」

「中国はわが国と一戦交える気なのか？」

外務省は、一気に緊張に包まれた。

だが、外務省が打てる手と言えば、相変わらず中国側に抗議することくらいだった。金杉局長が中国大使館の郭燕公使に抗議、北京・日本大使館の横井裕大使が中国外交部の孔鉉佑部長助理に抗議、同・伊藤次席が欧陽司長に抗議……。手を替え品を替え、中国に「抗議攻勢」をかけ続けた。

結局、8月9日までの5日間で、日本の領海に侵入した中国海警の船舶は延べ28隻、退去警告を与えた中国漁船は73隻と、合わせて101隻に上った。そして外務省はこの間、中国側に計30回も抗議した。

領海への侵入隻数も抗議の回数も、過去最高を記録。まさに尖閣沖で、日中は「一触即発」となったのだった――。

襲来事件の真相

中国はいったいなぜ、突如として「日本襲来」という暴挙に出たのか。そのことを突きとめるため、2016年8月、私は北京へ飛んだ。

中国のことは、中国で中国人と話さないとわからないというのが、私のモットーである。日本の25倍もある巨大かつリスクに満ちた大陸国家に暮らす人々は、周囲を海に囲まれた平和で小さな島国に住む私たちには想像も及ばないような発想をし、行動を取る。かつそれらは、時々刻々と変化していくからだ。

これまで30年近く中国に向き合ってきた私の心象から言えば、中国を読む上で、何より大事なのは、「流れ」と「匂い」である。１９４９年の建国以来、共産党が事実上の一党独裁を堅持している中国では、為政者に都合のよいことは尾ひれをつけて発表するが、都合の悪いことは隠蔽する。

そのため、中国で起きている真実を知ろうとすれば、まずは「中南海」がある北京へ行って、脳と足と五感をフル回転させ、「流れ」と「匂い」の断片をひたすら拾い集めるしかない。そうやって、「中南海」の主である習近平主席の意図を読み解いていくのだ。

だがそのハードルは、日本で同様の作業を行うより何倍も高い。私は、ふだんから安倍首相と携帯電話で通話しているという日本人を5人知っているが、習近平主席と携帯電話で話しているという中国人には会ったことがない。そもそも「中南海」の中は妨害電波に包まれているので、一般の携帯電話はつながらない。

世界中の中国ウォッチャーたちが、故宮の西手に佇《たたず》む「中南海」に鎮座する習近平主席をインタビューして、ホンネを聞き出したいと思っている。私も夢の中では、何度も「独占インタビュー」を行った。これは世紀のスクープだと確信し、中南海の西門をそそくさと後にして、急いで原稿にまとめているうちに、目が覚める……。

習近平は、2012年11月に、中国を支配する8875万共産党員のトップに立って以降、これまでただの2回しか外国メディアの取材に応じていない（2015年9月の訪米前に、ウォール・ストリート・ジャーナル紙の書面インタビューに応じているが、これはおそらく本人が書いていない）。

1度目は、2014年2月7日、ソチ冬季オリンピック開幕式の日に、現地のスタジオでロシアテレビの取材に、13分間だけ応じた。ロシア語を解さない私は、中国語の字幕がついた映像で全編を見たが、習近平は、「ソチは中国人が憧れる素晴らしい場所で、私の趣味はロシア文学を読むことだ」「国家主席になってから、自分の全時間を中国人民のために捧げている」などと、饒舌に語っている。

一方、インタビュアーであるイケメンのロシア人男性記者は、「昨年は国家主席になって真っ先にロシアに来てくれたというのに、今年も真っ先にロシアに来てくれた」「もっと厳格な最高指導者かと思ったら、なんと気さくなお方であることか」などと、ヨイショしまくり。まるで前世紀の冷戦時代のソ連と中国に舞い戻ったかのような映像だった。

2度目に習が応じたのは、訪英前日の2015年10月18日に、ロイター通信が行ったインタビューだ。この時は、国内外に関する10個の質問に、「模範解答」で答えている。

例えば、「南シナ海における最近の中国の行動に対して、多くの周辺国が懸念を表明しているが、中国の最終的な目的は何なのか？」という問いに、習はこう答えた。

「南シナ海の島々は、古来まさに中国の領土であり、わが祖先たちはその証拠を残してきた。何人《なんぴと》であろうと、中国の主権と権益を侵犯しようとすれば、中国人民は受け入れない。中国が南シナ海で取っている行動は、自身の領土と主権を維持し保護する正当なものだ。かつ中国は、どの国にも増して、南シナ海の平和と安全、安定を望んでいる」

習近平主席は、中国メディアから日々、まるで神のように賞賛されるのは好むが、外国メディアに批判的に書き立てられることを、極端に嫌う。そのため、前世紀の毛沢東時代並みの秘密主義を貫いているというわけだ。

そこで、外国人の中国ウォッチャーとしては、中国の「流れ」と「匂い」を嗅ぎ取りながら、習近平の言動を推し量っていくしかないのである。

そんな中で、私の五感が震える瞬間がある。それは中国のテレビのニュース解説などで、もしくは私と会った時に中国人が何気なく発する、たった一言か二言のフレーズである。そのキーワードを耳にした瞬間、暗闇の中に一筋の暁光が差し込む。それは別に、秘密の言葉というわけではない。

2016年8月の場合、そのキーワードは「反撃」「新常態」「中国第一」の3語だった。以下は、私とある中国の外交関係者との一問一答である。少し長くなるが、この人物と私との外交論議をお伝えしよう。

私「日本には江戸時代末期に、アメリカの黒船が襲来したが、あなたたちが今回行った『尖閣襲来』は、まさに江戸末期の日本人が体験したであろう恐怖心を日本人に植えつけた。中国はなぜあのような暴挙に出たのか?」

中国人「(2016年)7月12日に、オランダのハーグにある常設仲裁裁判所が、紛れもない中国の領土・領海である南シナ海の領有権に関して、中国の主張には国際法的根拠がないとの裁定を下した。これはフィリピンのアキノ前政権が、2013年1月に提訴したものだが、あの国際法廷では、日本とアメリカが裏で手を引いていた。だからわが国は当初から、『裁判は茶番であり、中国は加担しないし、結果も受け入れない』と断言してきた。

そして訴えた当該国であるフィリピンは、6月30日にドゥテルテ新政権が発足。この新政権は、常設仲裁裁判所の裁定後も、『中国との話し合いによって領有権問題を解決する』としている。同じく南シナ海の領有権を主張している他の東南アジア諸国も、おしなべて平静を保っている。

それなのに、日本の安倍政権だけが空騒ぎしているではないか。4月11日には広島でのG7(先進国)外相会合の後、岸田文雄外相が『海洋安全保障に関するG7外相声明』を発表した。『中国』と名指しこそしていないものの、これはわが国に対する『挑戦状』だ。

また、常設仲裁裁判所の裁定の直後、ウランバートルで7月15日、16日に開かれたASEM（アジア欧州会合）でも、参加者の中で安倍首相だけが、南シナ海問題でわが国を非難した。ASEMに参加した李克強首相は、ラオス、ベトナム、カンボジア、ロシアの首脳と個別に会談したが、どの国の首脳も、『中国の立場を尊重する』と述べた。かつ『ウランバートル宣言』にも南シナ海問題は盛り込まれていない。

その後も、南シナ海に領有権を主張していない日本だけが、この問題でわが国への非難をやめない。さらに、同盟国のアメリカに尻を叩かれているのだろうが、自衛隊を南シナ海に派遣する構えまで見せている。そのため中国としても、日本に『反撃』する必要に迫られたのだ。

具体的に言うと、日本に対して『反撃』に出た理由は、主に七つの理由によるものだ。

第一に、日本のバックに控えるアメリカに、『航行の自由作戦』をいい加減やめろという警告だ。

第二に、これ以上、日本を野放しにしておくと、杭州G20（9月4日、5日）でも南シナ海問題を持ち出して、習近平主席が議長を務める重要な国際会議に泥を塗られるリスクがあった。

第三に、いま日本に『反撃』を加えておけば、日本は当分の間は萎縮して、南シナ海に自衛隊を派遣しようとはしなくなるだろう。

第四に、8月15日前に『反撃』しておけば、日本は恐れをなして、敗戦記念日に主要閣僚が靖国神社を参拝することはないと判断した。日本の政治家の靖国神社参拝は、習近平主席が最も嫌悪していることだからだ。

第五に、8月下旬に、中日韓外相会談に合わせて王毅外相を訪日させ、9月の杭州G20で中日首脳会談を行えば、日本との関係はある程度、修復できると判断した。

第六に、日本との直接の軍事衝突が起こらない限り、世界は関心を抱かないと判断したからだ。事実、日本の同盟国アメリカだって、表向きは沈黙しているではないか。

そして第七に、これが重要なのだが、今回の行動で、釣魚島（尖閣諸島）を巡る日本との争議を、一段階アップさせることができたからだ。つまり今後はこの状態が『新常態』だということだ」

私「『反撃』というのは、中国側の勝手な論理だろう。日本は南シナ海に領有権を主張してはいないが、決して『他人の海』ではない。

なぜなら第一に、南シナ海は中東から日本へ向かうタンカーが通るシーレーンの要所であり、日本のエネルギー供給の生命線だからだ。第二に、南シナ海で中国の軍事要塞化を黙認したら、次は尖閣諸島を含む東シナ海で、中国が同様の行為に及ぶのは明白だからだ。そして第三に、いまの国際社会は、国際法に基づいた自由で開かれた海という国際秩序、既存の国際ルールを各国が遵守することで成り立っている。それなのに、中国が南シナ海でやっていることは、そうした既存の国際秩序、国際ルールへの挑戦だからだ」

中国人「『反撃』という言葉が気に入らないのなら、『航行の自由作戦』と呼んでもいい。2015年10月から、アメリカが『航行の自由作戦』と称して、勝手にわが国の南シナ海の領海へ、艦艇を入れているだろう。

だから今回、中国も東シナ海で、同様の『航行の自由作戦』を敢行したのだ。その意味では、今回の示威行動は、日本への『反撃』であると同時に、アメリカへの『反撃』でもあった。日本は『航行の自由作戦を支持する』と宣言しているのだから、わが国が行った『航行の自由作戦』も支持してもらいたいものだ」

私「あれだけ日本に危機感をもたらしておいて、『航行の自由作戦』だなんて、そんな無茶苦茶な……」

中国人「無茶なことを言っているのは、日本のほうだ。その証拠に、中国による南シナ海の軍事要塞化と言うが、現在の南シナ海は、いたって平穏ではないか。中東のような戦闘行為が行われているわけでもなく、ウクライナ問題のように欧米がいきり立って経済制裁をかけているわけでもない。南シナ海は、今日も明日も平和で自由な海のままだ。それなのにアメリカが『航行の自由作戦』と称して、おかしな行動を取るから波風が立つのだ」

私「それは違うだろう。南シナ海における中国の軍事要塞化に対しては、アメリカも日本も、そして東南アジアの国々も、強い懸念を抱いている。これは紛れもない事実だ」

中国人「それでは、一つ原則的なことを言っておこう。それは、中国がパンダでいる時代はすでに終わったのであり、これからわれわれは、竜になるということだ。

2012年9月に、日本が一線を越えて、釣魚島（尖閣諸島）を『国有化』した際、わが国は習近平新総書記を推戴する第18回共産党大会の直前で、日本に反撃する準備ができていなかった。それであの時は、臥薪嘗胆したのだ。

だがこの4年間で、わが国も一線を越える実力を身につけた。そこで日本と対峙する『段階』を引き上げたというわけだ。

21世紀のアジアの国際ルールを作るのは、アジアに住む人々であって、太平洋の反対側の大国（アメリカ）ではない。そのことは習近平主席も、ことあるたびに述べている通りだ」

私「『新常態』とか『段階』を引き上げたなどと言うが、今後とも『尖閣襲来』を繰り返すつもりなのか？」

中国人「日本が、南シナ海や東シナ海で静かにしていれば、こちらも動かない。

1949年に蔣介石率いる国民党軍が台湾に逃げた時、毛沢東率いる共産党軍は、アモイからわずか2キロの距離にある金門島を、わざと国民党軍に実効支配させた。なぜだかわかるか？　将来、国民党軍が大陸に向かって挑発し始めたら、見せしめに奪還しようと考えたのだ。

今回の習近平主席も、毛沢東元主席の手法を真似たというわけだ。だから人民解放軍が日本への示威行動を進言した時、習主席はゴーサインを出したが、島の奪還は保留した。

今後も、日本が南シナ海におけるわが国の正当な権益の維持、保護活動を妨害することがあれば、何度でも迷わず『反撃』に出る。これまでの中日間の主な摩擦の原因は、歴史問題だったが、これからは海洋問題だ」

私「重ねて聞くが、今後、尖閣諸島を巡る日本との一触即発の事態も辞さないということか？」

中国人「その通りだ。人民解放軍は２０１６年、大胆な『軍改《ジュンガイ》』（軍事制度改革）を断行し、いつでも戦争の準備は整っている。それに対して、日本は70年以上も戦争経験がないのだから、自衛隊は大胆な作戦は取れない。

仮に中日で局地戦が起こって、双方に死者が出たとする。すると中国では14億国民が団結し、『打倒日本！』を叫ぶに違いないが、日本は逆に怖じ気づいてしまうだろう。

習近平主席の考えは、南シナ海にせよ東シナ海にせよ、今後は『中国第一《チャイナ・ファースト》』で進んでいくというものだ。わが国は、わが国の国益を第一に考え、わが国の国益に基づいて行動していく。

中国が海洋大国になるには、邪魔な障害物はどかして進んでいくしかない。もう世界でアメリカに遠慮し、アジアで日本に遠慮するという時代は終わったのだ」

「反撃」「新常態」「中国第一」――三つのフレーズが、私の耳にドスンと響いた。

このアジアの巨竜は、日本とはまったく異なる「常識」で動いていて、かつ日増しに傲慢になっていく気がしてならなかった。習近平はやはり、「中国のトランプ」である。

それでも日本人の私には、彼らの論理が腑に落ちなかった。するとこの中国人は、私の背中を押すように告げた。

「これまでの中日関係は、中国が日本を必要としていたので、日本側が主導してきた。だがこれからの中日関係は、日本が中国を必要とする時代になるので、中国側が主導していくということだ。21世紀のアジアにおいては、中国が第一で、日本は第二なのだ。

時間が許せば、威海《ウェイハイ》の博物館を見てきたらよい。私の言わんとするところが、そして『習近平思想』が理解できるだろう」

日清戦争前の日中といまの日中

中国人が「威海の博物館」と言えば、それは山東省威海市の外島、劉公島《リウゴンダオ》にある「中国甲午戦争博物館」（日清戦争博物館）を指す。

中国には、俗に言う「四大抗日博物館」がある。北京郊外の盧溝橋にある中国人民抗日戦争記念館、南京にある南京大虐殺記念館、ハルビンにある侵華日軍第七三一部隊遺址、そして日清戦争の激戦地、威海・劉公島に建つ中国甲午戦争博物館である。私は前の三つの博物館には足を運んだことがあったが、威海にはそれまで行ったことがなかった。

そこで意を決して、高速鉄道のチケットを手配し、山東半島の先端に位置する威海へ向かったのだった。

威海は、人口280万の港町で、以前は「抗日都市」が売りだった。その後、2013年の2月と3月に朴槿恵政権と習近平政権が発足し、「中韓蜜月時代」を築いてからは、「中韓友好の象徴都市」として脚光を浴びていた。

だが、2016年2月7日、米韓両軍がTHAAD（終末高高度防衛ミサイル）の韓国配備を検討すると発表したことで、中韓は一気に対決状態に陥った。中国は「THAADは『北朝鮮の脅威に対抗するため』という口実で、実際には中国に対抗するためのミサイルだ」として、韓国に猛抗議を続けていた。

同年7月8日には、韓国政府が「THAADの韓国配備を決定した」と発表した。そのため、私が訪れた8月には、この「中韓蜜月の象徴都市」にも翳りが出ていた。威海の韓国人が中国からの報復措置を恐れたこともあって、最盛期に10万人以上住んでいた威海の韓国人は、2万人まで急減していた。私が威海のコリアタウンで目にしたのは、ハングルの文字だけが並ぶ広大なゴーストタウンだった。

威海港から客船に揺られて20分余り、3・4キロ離れた外島の劉公島に降り立った。客船には100人以上の中国人が乗っていたが、外国人はおそらく私一人だけだった。

劉公島は、1周わずか15キロの小島である。その南側全体が1988年以降、中国甲午戦争博物館になっている。

劉公島は清朝末期、「海上の屏風」と称され、北洋艦隊の本部が置かれた。黄海から渤海に入る地点に位置し、渤海の奥に位置する首都・北京を防衛する海上の要衝だからだ。

北洋艦隊は1888年（光緒14年）の暮れに、李鴻章・北洋大臣（1823～1901年）が劉公島に創設した。1874年に明治日本の海軍が台湾に入ったことに驚愕し、近代海軍の創設を決めたのだ。主要軍艦25隻、補助軍艦50隻、輸送船30隻、海兵は4000人余りで、毎年4

00万両の銀を予算に計上した。

劉公島の南側の波止場に降り立つと、屏風のように海岸線が広がっていて、軍港にはうってつけだと理解できる。空は快晴なのに、往年の激戦地跡のせいか鬱蒼《うっそう》とした雰囲気だ。

眼前の石畳の坂を上がると、北洋艦隊の提督署跡が、近海を睥睨《へいげい》するように建っていた。提督署は1887年の完成で、荘厳な正門の奥に三重庭院造りになっていた。100以上の部屋を有し、総面積は1万7000平方メートル。まるで「ミニ故宮」だ。

一番奥の提督室で、丁汝昌提督が、英国人のラング顧問らと作戦会議をしている様子を、蠟人形で再現していた。北洋艦隊の現場責任者だった丁汝昌提督は、日清戦争2年目の1895年2月11日、劉公島を日本帝国海軍に包囲される中、玉砕してでも日本軍と交戦し続けるべきだと主張。部下や外国人顧問たちに反対されたため、深夜にこの場でアヘンを大量に飲んで自殺を図り、翌朝死去した。

それによって丁提督の部下と外国人顧問らが日本軍に投降し、ついに難攻不落と言われた劉公島は陥落した。丁汝昌提督は、同じく日清戦争の黄海海戦で戦死した鄧世昌水師とともに、中国の歴史の教科書に載っている烈士だ。

続いて、長い階段を下りて、海岸沿いに建つ陳列館に入った。入り口には、近代中国の著名な思想家・梁啓超（1873～1929年）の「わが国の千年の大きな夢を喚起せよ、それは日清戦争から実行するのだ」という言葉が掲げられていた。梁啓超は、清朝を打倒して西洋的立憲国家を作ろうとしたり、日清戦争後に14年間も横浜中華街で亡命生活を送ったり、第一次世界大戦後に中国の顧問としてパリ講和会議に参加したりと、波乱の生涯を送った。思想的にも複雑な人物だが、習近平政権では、建国の父・毛沢東が尊敬していた人物ということもあって、肯定的に捉えられている。

私は梁啓超のこの言葉を目にした時、習近平政権のスローガンである「中国の夢」、正確には「中華民族の偉大なる復興という中国の夢の実現」は、ここから来ているのだと悟った。もしかしたら、この記述を入り口に持ってくるよう指示したのも、習近平かもしれない。習近平は、博物館や記念館などを訪問するたびに、細々とした指示を与えているからだ。ちなみに、威海と同じ山東省の青島にある海軍博物館に対しては、「五四運動（1919年5月4日の大規模な抗日運動）100周年までに大増築せよ」と命じたという。

陳列館の第一室は、日清戦争に至るまでの経緯を展示していた。「日本は文明の仮面をかぶりながら、野蛮な本性を露《あらわ》にした」と記されていた。日本が明治維新の後、国をあげて富国強兵、殖産興業に乗り出した様子が示され、「日本陸軍は12万3047人を数え、海軍は7万トン余りの軍艦を保有するに至った」とある。

清国は1866年、福建省に福建船政局后学堂を設立。中国近代海軍教育の嚆矢《こうし》となった。

こうして日本も中国も、軍人たちがヨーロッパに視察したり留学したりし、かつ欧米顧問団を高額で雇って、海軍力増強に励んだ。同時に、軍艦の買い付けにも走った。1879年から1886年にかけて、清国はイギリスから、軍艦「鎮北」「超勇」「致遠」を購入し、ドイツからは、「定遠」「済遠」「経遠」を購入した。また中国国内でも、軍艦「操江」「唐済」「広甲」「広乙」「平遠」などを、次々に建造していった。

この博物館の展示によれば、日中が激突するきっかけとなったのが、1886年8月に起こった長崎事件だったという。丁汝昌提督が、軍艦「定遠」ほかを率いて長崎港に寄港した際、「定遠」の水兵たちが長崎の警察官と市街戦になった事件だ。日本では、中国人水兵たちが長崎市内で乱暴狼藉を尽くしたというのが定説だが、この博物館では日本側に全面的な非があったと解説していた。

ともあれ丁提督は、このまま日本が軍備拡張していけば大変なことになると、危機感を抱いて帰国した。だが後述するように、丁提督の危機感が、故宮の宮廷に届くことはなかった。

日清戦争には、陸戦と海戦がある。1894年春に、朝鮮半島南部で東学党の乱が起こり、朝鮮国王はこれを鎮めるため、宗主国の清に援軍を要請した。

これに対して、日本も在留邦人を保護するという名目で、軍隊を派遣。朝鮮半島で日清両陸軍がぶつかった。結果は、日本軍の連戦連勝。日本陸軍は鴨緑江を越えて、遼東半島と山東半島にまで一気に進軍した。

一方の海戦は、清国が1894年7月、朝鮮に援軍を送るべく、イギリス商船に偽装した軍艦に兵士を乗せて、威海を発った。だが、この艦船が仁川南部の豊島沖で日本軍に発見され戦闘となり、日本軍が勝利。続いて黄海沖で、雌雄を分ける黄海海戦が行われ、再び日本軍が勝利した。最後は劉公島に立てこもった北洋艦隊を、日本軍が7度にわたる砲撃で、前述のように降伏させた。

こうしたあらましは、日本の歴史教科書にも記述があるが、この博物館の展示を詳細に見ていて、以下の点を再認識した。

①戦争せざるを得なかった日本政府のお家事情
イギリスとの不平等条約の改正交渉、国会の混乱で2度にわたる衆議院の解散総選挙など、日本の政局の混乱で、伊藤博文内閣には、日清戦争が国民の目を外へ向ける絶好のチャンスと映った。
②欧米に頼って失敗した清国
清国の直隷総督兼北洋大臣（外務大臣兼国防大臣）だった李鴻章は、「以夷制夷」（外国に頼って外国を制する）政策を取った。日本軍が押し寄せてくるとの進言を丁汝昌提督から受ける

と、イギリス、フランス、ロシアなど列強に仲介を頼み、最後はどの国にも逃げられた。

また、朝鮮に援軍を送る際も、軍艦にイギリスの商船旗を掲揚していれば日本軍は襲ってこないと楽観視していた（実際は日清戦争初戦の豊島沖海戦となった）。

さらに北洋艦隊も、イギリス人やドイツ人、アメリカ人などが軍事顧問として、すべての軍艦に乗り込み、事実上の指揮を任されていた。最終局面の劉公島攻防戦でも、丁汝昌提督が主戦論を唱えたのに対し、イギリス人顧問のマクルアーとタイラー、アメリカ人顧問のハウイ、ドイツ人顧問のシュネルらが無条件降伏を主張し、丁提督を自殺に追い込んだ。その翌日、ハウイが北洋艦隊の代表になり代わり、ニセの丁提督の投降宣言文をでっち上げて、日本軍に投降した。

③平和ボケ状態だった清朝
前線では清軍と日本軍とが一触即発の事態になっていたというのに、最高権力者の西太后は、自らの還暦祝いの祝典と、北京郊外の避暑地・頤和園《いわえん》の建造にうつつを抜かし、周囲の廷臣たちも西太后のご機嫌伺いに躍起になっていた。日清戦争が勃発してからも、軍艦の建造費の一部を頤和園の造営費として着服したりした。

④最後は島を見捨てた清朝政府
そんな北京の宮廷事情から、丁汝昌提督が何度、援軍要請を送っても、李鴻章総督は突っ

ぱね、反撃よりむしろ撤退と専守防衛を命じた。最終局面でも、劉公島に立てこもった北洋艦隊の援軍要請を無視し、北洋艦隊を自滅に追い込んだ。

博物館には、「私は決して報国の大義を棄てるのではなく、いまはただ死をもって提督の職が尽きるだけだ」という丁汝昌提督の悲壮な遺言が掲げられていた。その脇には、「劉公島の投降によって、北洋艦隊3097人、陸軍2040人、計5137人が日本軍の捕虜となった」と記されている。さらに、「日清戦争の大きな痛手は、国の恥であり民の屈辱である」と大書されていた。

その時、私の脇で展示物を見ていた私と同年齢くらいの父親が、小学生の息子に向かって突然、興奮気味に、部屋中に響き渡る大声を上げた。

「『鬼子《グイズ》』(日本人の蔑称)を絶対に許してはいけない！　よく覚えておくんだぞ！」

息子は緊張した面持ちで肯《うなず》いている。

私はこうした光景を以前、南京の大虐殺記念館でも目にしたことがあった。修学旅行の女子高生たちを引率してきた女性教師が、「野田少尉と向井少尉の中国人百人斬り競争」の新聞記事の展示の前で、同じように金切り声を上げて、展示物の窓ガラスを叩き始めたのだ。その時は係員が飛んできて、「お気持ちはわかりますが」と言って制止した。

だが威海の博物館では、周囲は知らん顔だった。もしかしたら「よくある光景」なのかもしれない。

最後の展示室は、「終戦後の下関条約の締結とその後」がテーマだった。日本側代表の伊藤博文首相が、左手の人差し指を立てて中国側を叱責し、中国側代表の李鴻章総督が押し黙って遠方を見つめている様子が、蠟人形で展示されていた。こうして1895年4月17日に、下関条約が締結され、同年6月2日に台湾が日本に割譲された。

私は数年前に、東京の国立公文書館で、この条約文書の本物を見たことがある。李鴻章総督がサインとともに押下した巨大な清国のハンコが印象的で、そこに李鴻章総督の意地を見た気がした。

ともあれ、清国が日本に敗れたことで、欧米列強は、まるで傷ついた獲物に群がるハイエナのように、中国大陸を貪っていった。1898年から翌1899年にかけて、膠州湾をドイツが99ヵ年期限で租借、旅順と大連をロシアが25ヵ年租借、新界をイギリスが99ヵ年租借、威海衛をイギリスが25ヵ年租借、広州湾をフランスが99ヵ年租借……。清国は満身創痍となったあげく、1911年に辛亥革命が起こって滅亡した。

博物館の出口のロビーに、二つの大きな看板が出ていた。一つ目には、「歴史会重演嗎？」(歴史は繰り返されるのか)という6文字。二つ目は、習主席の次の言葉だった。

「歴史を重視し、歴史を研究し、歴史を教訓とすることで、人類は昨日のことを多く理解し、こんにちのことを多く把握し、明日の知恵を切り拓き創造することができるようになる。中国人民はいままさに、中華民族の偉大なる復興という中国の夢を実現すべく奮闘中であり、歴史から知恵を汲み取っていかねばならない」

このように習近平は明快に、日清戦争以前のような「中華帝国の復権」を掲げていた。

出口のロビーには、展示室の「続編」として、中国がウクライナから買い付けた初の空母「遼寧」の巨大な模型が飾ってあった。その下側には、「国の傷を忘れることなく中華を夢見る」と書かれた横断幕が垂れている。

出口のロビーには、人気作家の鴻鳴氏が来ていて、堆《うずたか》く積んだ自著『甲午海戦』（日清戦争海戦）の即売サイン会をやっていた。私も30元はたいて買ったら、鴻氏はドンドンドンドンと、四つのハンコを自著の奥付に押した。それらは大きい順に、「今日は日本の投降日」「抗日戦争勝利70周年記念」「北洋海軍提督丁汝昌玄孫丁小明」「全国優秀作家鴻鳴」と書いてあった。

私は鴻氏に、日本から来たことを告げた上で、「つい先日、中国船が大挙して尖閣諸島近海に襲来しましたが、あれは日清戦争の屈辱を晴らすという意味合いがあるのですか？」と質問してみた。

すると鴻氏は仰天した様子で、一瞬押し黙り、「私はただ歴史を研究している作家であって、現在のことにはコメントしない」と答えた。

博物館を出て港へ向かう路上には、習近平が推進する「社会主義の核心的価値観」24文字の巨大な看板が掲げられていた。「富強、民主、文明、和諧、自由、平等、公正、法治、愛国、敬業、誠信、友善」。習近平は、この24文字を全国民が反芻することで、社会主義の価値観を身につけるようにと説いている。24文字のトップに、明治日本と同様のスローガン「富強」が来ているところがポイントである。

帰りの客船の甲板上から眺める劉公島は、やはり鬱蒼としていた。私は船中で、夕刻の潮風に吹かれながら、現在の日中関係に想いを馳せた。

前述の1894年の「四つの状況」を再掲すると、次の通りだ。①戦争せざるを得なかった日本、②欧米に頼って失敗した清国、③平和ボケ状態だった清国、④最後は島を見捨てた清国。

私は一つの事実に気づいた。それは、1894年時点の日中を、そのまま逆にしてみると、まさに現在の日中に符合するということだった。

すなわちまず第一に、第3章で詳述するように、いまや中国経済の失速に歯止めがかからない。かつ第2章で見るように、2017年秋に第19回中国共産党大会が開かれるため、それに向けて中南海の権力闘争が激化している。その一方で中国は、凄まじい勢いで軍拡を続け、アメリカに次ぐ世界第2の軍事大国になった。

第二に、日本は事実上、尖閣諸島の防衛を相当部分、「アメリカ軍の援軍」に頼っている。安倍首相は、「アメリカ政府は、尖閣諸島の防衛は日米安保条約第5条の適用範囲内だと明言している」と胸を張る。実際、オバマ大統領は2014年4月に訪日した際、共同記者会見でそのような趣旨の発言をした。

だが前述のように、トランプ大統領率いるアメリカは、太平洋の彼方の無人島の防衛のために、世界第2の大国（中国）と戦争を起こす気があるとは、到底思えないのである。

第三に、2016年夏の日本人は、ポケモンGOとリオのオリンピックに夢中で、中国の脅威が迫ってきてもそっちのけ。まさに平和ボケ状態と言うほかなかった。

第四に、もし中国が本気で「尖閣奪取」に乗り出したら、日本政府は相当数の日本人死者が出ることを恐れて、あの無人島を見捨ててしまうのではという危惧がある。同様に2012年4月には、フィリピンがスカボロー礁（黄岩島）を中国に奪取された。

そもそも19世紀中頃までは、中国はアジア最大の大国であり、日本は鎖国していた。アジアは古代から、中国を宗主国、周辺諸国を属国（朝貢国）とする冊封《さくほう》体制によって、秩序が保たれてきた。日本はほとんどの時期において、例外的に冊封体制に組み込まれていなかったが、それはひとえに、四方を海に囲まれていたおかげである。

このアジアの冊封体制が崩壊していくのは、19世紀半ばからだ。1840年のアヘン戦争で、清国はイギリスに敗れ、香港の割譲と沿岸5都市の開港を迫られた。それから約半世紀を経た1894年に起こった日清戦争で日本に敗れ、台湾割譲と山東半島などの租借を余儀なくされた。

こうして中国は、20世紀前半に、半植民地状態と化した。一方の日本は、アジアの新興国として台頭していき、20世紀前半のアジアを支配した。その後、日本は1945年にアメリカに敗れたけれども、20世紀後半に今度は経済大国として、引き続きアジアに君臨した。

それが21世紀に入って、中国が再び、経済大国及び軍事大国として、著しい台頭を始めた。逆に日本は、少子高齢化に悩む「老国」と化しつつある。

現在の日本の姿はまさに、1894年当時の清国のようであり、現在の中国の姿は、当時の日本のようではないか──。

客船と劉公島との間を、一隻の中国海軍の艦艇が颯爽と通り抜けた。すると客船の中にいた中国人たちは一斉に甲板に駆け上がり、艦艇に向かって手を振った。日本では決して見ることのない光景だった。

第2章　権力集中という最大リスク

「核心」となった習近平

習近平主席は、ある意味「中国のトランプ」とも言える国家元首である。「アメリカ・ファースト」ならぬ「中国第一」主義で、「再び自国を偉大な国にする」と唱えていて、「第一列島線」もしくは「海の万里の長城」と呼ぶ新たな「国境の壁」を築こうとしている。国内では、「自国の国民が貶められたのは他国（日本）のせいだ」と喧伝し、「抗日ドラマ」を多数放映している。そしてトランプ大統領と同様、基本的にエスタブリッシュメントを嫌う「革命家」である。

そうなると、アメリカで「反トランプ」の声が喧《かまびす》しいように、中国でも「反習近平」の声が上がっても不思議ではない。そうした声が聞こえてこないのは、全中国人が習近平主席を支持しているからでは決してなくて、非民主国家の中国では、そうした声を極力抑え込んでいるからに他ならない。

だが、13億8100万もの人口を抱え込む中国で、インターネット全盛の21世紀に、たった一人に権力を集中させることが果たして可能なのか。本章では、習近平政権が邁進するこの「壮大な実験」について見ていきたい。

アメリカでトランプ大統領の誕生が決まる2週間ほど前のこと。中国でも、政治が大きく動いた。

「全党の同志が、習近平同志を核心とする党中央の周囲に緊密に団結し、党中央の権威と党中央の集中的かつ統一的指導を堅固に維持し、保護する」

2016年10月24日から27日まで北京で開かれた中国共産党の重要会議「6中全会」（第18期中央委員会第6回全体会議）で、最終日に「公報」（コミュニケ）が採択された。公報のこの最後のくだりが読み上げられると、壇上中央に鎮座する習近平総書記に向けて、会場内の197人の共産党中央委員と151人の共産党中央委員候補らが、盛大な拍手を送った――。

「6中全会」が開かれたのは、北京の西部で、中国人民革命軍事博物館や国防部の「八一大楼」などがひしめく一角に聳《そび》える29階建ての京西賓館だった。このホテルは、中央軍事委員会連合参謀部が経営する「要塞ホテル」で、1964年のオープン以来、幾多の重要な、時に血なまぐさい決議がなされてきた。鄧小平が「改革開放政策」を宣言したのも、文化大革命の「四人組」が断罪されたのも、このホテルである。

私は「6中全会」の会場となった大会議場に、一度だけ入ったことがある。軍人がものものしく警備し、防音設備が施され、500席ほどある各ブース席には「賛成」「反対」「棄権」と書かれたボタンが、無造作に設置されていた。無人の時でも威圧感を感じる会議場だった。

2012年11月に開かれた第18回共産党大会で、8875万共産党員のトップに習近平総書記が選出された時、私は1週間にわたって、北京で党大会を取材した。当時、習近平新総書記は「『1割皇帝』になるだろう」と囁かれていた。壇上中央には、江沢民元総書記と胡錦濤前総書記の「二大長老」が鎮座し、これから「主役」となる習近平新総書記は、向かって左手の4番目の席で、大きな体軀を小さく丸めて座っていた。そんな様子を見た幹部たちは、「今度のトップは物事の1割しか自分で決められない最弱の皇帝だ」と揶揄《やゆ》したのだ。

ところがその後、習近平は大化けし、4年経って冒頭のような大それた決議をするまでになった。中国共産党員は、「核心」という言葉に敏感に反応する。ある中国共産党員は私に、「これからは『総書記説了算』（総書記が言えば決まり）になるということだ」と、「核心」の意味を説明してくれた。ちなみに前任の胡錦濤総書記は10年間の在職中、ついぞ「核心」の帽子をかぶれなかった。

思えば、第18回党大会を取材した際には、中央委員205人、中央委員候補171人が選出されていた。4年間で数人の死去があったのかもしれないが、それにしても少なからぬ幹部を失脚させたことを物語っていた。

中央委員や中央委員候補と言えば、中国共産党8875万党員の頂点に立つ最高幹部だけに、胡錦濤政権までは、よほどのことがない限り失脚はなかった。それが習近平が総書記になって以降、「トラ（大幹部）もハエ（小役人）も同時に叩く」というスローガンのもと、次々に「政敵」の中央委員や中央委員候補たちを粛清していったのである。

「行く手に立ちはだかる者は、どんな『老虎《ラオフー》（大幹部）』だろうが容赦しない」——これが習近平の掟である。江沢民派の大幹部だった周永康党中央政治局常務委員（共産党序列9位）、薄熙来党中央政治局委員、徐才厚中央軍事委員会副主席、郭伯雄中央軍事委員会副主席。それに胡錦濤前総書記の最側近だった令計画党中央弁公庁主任までもが、監獄にブチ込まれた。『法制日報』（2016年12月31日付）は、第18回共産党大会以降、4年余りで、副部長（副大臣）級以上の現役幹部が124人も失脚したと伝えた。

2016年の国慶節（建国記念日）の大型連休前日の9月30日には最高人民検察院が、2016年1月から9月までに計289回も、政治家や官僚、国有企業幹部らを収賄で摘発したと発表した。これは毎日1回のペースだ。

その中には、省長（県知事）や中央官庁局長クラスの大物幹部50人が含まれていたという。特に2016年9月だけで、新たに12人の大物幹部の取り調べを始めたと誇った。

最高人民検察院のホームページで確認してみると、第18回共産党大会以降、4年間で刑が確定した大物幹部が26人もいた。

「6中全会」を4日後に控えた10月20日には、今度は中央紀律検査委員会が、習近平政権が始まった2013年から2016年9月までの「全国の粛清の成果」を、誇らしげに発表した。それによると、2013年に18・2万人、2014年に23・2万人、2015年に33・6万人、2016年は9月までに26万人を処分した。処分者は計101万人に上るが、処分者の人数を年々増やしているところがポイントだという。

ちなみに中国は、2015年11月に贈収賄罪に関する刑法を改正した。それまでは量刑を、単純に贈収賄の額や規模を基準にして決めていたが、この刑法改正によって、「贈収賄の額プラス情状」によって決めることにしたのだ。

これは意味深な改正で、例えば多額の収賄で失脚した幹部が、反習近平派の幹部の収賄状況について暴露すれば、無期懲役刑が懲役10年に減刑されるといったことがありえる。いわゆる司法取引だ。

逆に、失脚した反習近平派の幹部が、あくまでも一味の収賄について口を割らなければ、収賄額がたいしたことなくても、重刑に処せられるということもありうる。つまり多分に、習近平執行部が権力闘争に利用しやすい刑法の改正だったのだ。

そもそも最高人民検察院の曹建明院長からして、2013年末にボスの周永康前常務委員の失脚に絡んで拘束されかけたが、習近平に絶対忠誠を誓って首の皮一枚でつながったという経緯がある。以後、最高人民検察院は、習近平の政敵たちを監獄送りにするのに大忙しだ。

反腐敗闘争には、実はカラクリがある。私が北京に住んでいた胡錦濤時代の2010年8月、中国経済改革研究基金会国民経済研究所という民間経済シンクタンクが、中国初の「賄賂白書」を発表した。それによると、中国のGDPの3割にあたる4兆元（約70兆円、当時）が「賄賂経済」だという。胡錦濤時代には「全民腐敗」という言葉が流行語になるほど、社会に賄賂が蔓延していた。

例えば、私の知人のある「老板《ラオバン》」（企業経営者）は、某中央官庁の局長をランチの席に呼んだ時、20万元（約340万円）を包んでいた。私のような日本人駐在員でさえ、ある中国企業の「老板」からランチに呼ばれて行くと、掛けていた背広のポケットに5000元（約8万5000円）分のデパート商品券が入っていて、慌てて郵送で送り返したことがあった。

つまり、中国の幹部たちは誰もが多かれ少なかれ、スネに傷を持っているわけで、習近平執行部は彼らの「過去」に関して、任意に糾弾できたのである。

ともあれこうした一罰百戒ならぬ千罰も万罰もやったために、恐れをなした幹部たちは、次々に習近平総書記の軍門に下っていった。習近平派の家臣たちは「新貴《シングィ》」と呼ばれるが、「新貴」たちは「中国的事児総書記説了算」（中国の事は総書記が決めれば済む）と言うのが口癖で、習近平に絶対忠誠を誓っている。

中国では5年に一度、共産党大会が開かれ、次は2017年後半に第19回共産党大会が開かれる。習近平総書記と「新貴」たちは、その時までに習近平を偶像崇拝化し、その絶対権力体制を確立しようと、日夜、世界最大規模の権力闘争にいそしんでいるのだ。

「反腐敗」という名の権力闘争

習近平総書記は、冒頭の「6中全会」の前にも、首都・北京の「大掃除」を行った。

10月1日からの国慶節の7連休が明けた中国で、ネット上に1枚の写真がアップされ、国民が騒然となった。

アップされたのは、B5用紙1枚のペーパーだった。そこには、「劉琪《りゅうき》同志一行の林芝視察接待の細目案」というタイトルが掲げられ、こう記されていた。

〈期間：2016年10月1日〜6日

場所：(チベット自治区) 巴宜区、米林県、工布江達県

首長一行名簿：劉琪党17期中央政治局委員・前北京市党委書記、汪声娟夫人、劉錚令嬢、周騁女婿、周逸安孫、周怡然孫娘、劉昕子息、李蓉子息婦人、劉竹萱孫娘、劉松萱孫、張利民北京市党委弁公庁副主任、周立農中弁警衛局処長、范明秘書、張天一警衛、陳建立随員、秦明照北京同仁医院幹部保健科主任〉

これは、2012年7月に引退するまで「北京の皇帝」と畏れられた劉琪・前北京市党委書記（前北京市トップ）が、国慶節の大型連休にチベットを豪遊した時の日程表だった。家族一同に秘書、警備員、主治医まで引き連れて、一行16人で豪華な6日間の公費旅行接待を受けていたというのだ。

この事実を知った中国人たちは、「不況にあえぐ庶民は連休中、ろくに旅行にも行けないというのに何だ！」と怒りの声を上げた。

習近平は、総書記に就任した翌月の2012年12月に「八項規定」（贅沢禁止令）を定め、「三公」と呼ばれる「公費会食、公費出張、公用車使用」を厳しく戒めてきた。また2015年夏には、引退したのに現役時代の権益を手放さない元幹部たちを批判するキャンペーンも張った。

劉琪前書記は長年、江沢民元総書記の「首都の大番頭」として、北京に君臨した。2008年の北京オリンピックの組織委員会主席だった劉琪は、相当規模のオリンピック利権を江沢民元総書記に捧げたと囁かれた。

劉琪前書記が引退した2012年7月、当時の胡錦濤総書記は、江沢民前総書記との壮絶な権力闘争の末に、子飼いの郭金竜を北京市党委書記（市トップ）に据えた。だが江沢民前総書記も、周永康常務委員の子飼いだった王安順を北京市長に据え、相変わらず劉琪―王安順ラインで、2200万首都の利権を押さえていた。

2016年10月の「6中全会」を前に、習近平は、目障りなこの首都の江沢民利権に鉄拳制裁を加えたのだった。そして「6中全会」を終えて、「党中央の核心」の地位を得ると、そのわずか4日後の10月31日に、王安順市長の首を切った。そして、福建省時代と浙江省時代の子飼いだった蔡奇・中央国家安全委員会弁公室常務副主任を、北京市党委副書記兼代理市長に抜擢したのである。もう何も遠慮はいらないというわけだった。蔡奇は2017年1月20日、正式に市長となった。

「6中全会」に合わせて、習近平の命を受けた中央紀律検査委員会と中国中央電視台（CCTV）は、共同制作で『永遠に路上に（永遠在路上）』という8回シリーズのドキュメンタリー番組を放映した。習近平政権がこの4年間、いかに「反腐敗闘争」で悪の腐敗分子と戦ってきたかを描いた勧善懲悪番組だ。

2016年11月に私が北京を訪れた時、こんな声を耳にした。

「習近平総書記が、なぜそこまで躍起になって『反腐敗闘争』を展開するのかと言えば、それには二つの側面がある。一つは、このまま『全民腐敗』が続けば、腐敗によって中国が崩壊してしまうという危機感だ。

わが国には、西洋におけるキリスト教、中東におけるイスラム教のような国民的宗教がない。あるのは『カネ崇拝』だけだ。しかも世界第2の経済大国に急成長したため、多くの中国人が『カネ教徒』となり、他国に較べてはるかに腐敗が蔓延しやすい土壌がある。だからそれを絶たないと中国に明日はないというわけだ。

だが『反腐敗闘争』には、もう一つの側面があって、それは習近平総書記による腐敗撲滅の名を借りた権力闘争だ。反腐敗闘争は多くの国民から支持されるので、それにかこつけて政敵である江沢民一派などを倒していけば、自己の権力基盤が強まると考えたのだ。どちらかといえば、後者の理由の方がメインだろう」

習近平の威信をかけた『永遠に路上に』は、２０１６年10月17日から24日にかけて、ゴールデンタイムの夜8時から9時前まで、８夜連続で放映された。

その間、私は毎晩、中国中央電視台のインターネット生放送に釘付けになった。それはたしかに、衝撃的な番組だった。習近平とその意を受けた中央紀律検査委員会が監獄にブチ込んだ、かつての「大物幹部」たちが、白髪頭やみすぼらしい格好で獄中から「出演」し、涙声で懺悔するのだ。

例えば、第1話「人心が背を向ける」の概要は、次の通りである。

〈習近平総書記は、２０１５年の国民向け新年祝賀メッセージで、異例のスピーチをした。

「腐敗分子は発見し次第、処分する。腐敗あるところに懲罰あり、汚職あるところに粛清ありだ！」。1945年に延安で、毛沢東が同様のスピーチをしたものだ。

かつて全国人民代表大会（国会）環境資源委員会副主任だった白恩培は、10年間トップを務めた雲南省で、自分の王国を築いた。自家用ジェット機、豪華マンション、高級車……と、賄賂漬けの日々だった。

習近平時代に入った2013年、中央第五巡視組が雲南省に入り、調査を開始。2016年10月9日、白恩培に2年の執行猶予つき死刑判決を下した。獄中から白恩培が告白する。

「自分は幹部として、年収数十万元で生活は事足りたのに、2005年、還暦の時に病を患ってから、金銭欲が抑えきれなくなった。党と人民に心から深いお詫びを申し上げる……」

2015年7月24日、習近平時代に入って初の現役の省トップとして、周本順河北省党委書記が失脚した。周は河北省党委書記に就任するや、軍事施設だった16部屋、800平方メートルの招待所を勝手に改装し、故郷の湖南省から連れてきた二人のコック、二人の手伝い（うち一人はペット用）、運転手、秘書にそれぞれ100万元（約1700万円）以上の年俸を払い、彼らと贅沢三昧の生活を始めた。また息子を溺愛し、「息子に1000万元（約1億7000万円）賄賂を渡したら、すぐに土地開発の許可が下りた」（獄中の元湖南省の不動産会社社長）。

周本順本人が獄中で懺悔する。

「私は赤貧の中で育ち、若い頃は腐敗した幹部に強い恨みを抱いてきた。だが後年、自分も同じ人間に成り下がってしまったことに、強い悲哀を感じる……」

四川省のナンバー2（副党委書記）として13年間君臨し、発覚しただけで3979万元（約6億8000万円）を着服した李春城も、獄中で泣きながら語る。

「10代の頃から共産党に憧れていて、入党して社会の進歩に役立ちたかった。それがいつのまにか思想が変わってしまった。党にすまない、人民にすまない……」

習近平政権の原則は、「禁止区域なし、すべてを網羅、容認ゼロ」だ。周永康、薄熙来、郭伯雄、徐才厚、令計画、蘇栄……、どんな最高幹部だろうが、悪人は容赦なく入獄させてきた。2016年7月1日の共産党創建95周年の記念日に、習近平総書記はこうスピーチした。

「執政党である共産党が直面している最大のリスクが腐敗だ。腐敗分子は党内に隠れる場所がないと思え！」〉

ざっとこのような内容である。背景を知らないで見ると、習近平総書記が、まるで水戸黄門か大岡越前のように思えてくる。だが実際には、「第1話」に獄中から「出演」した3人の「老虎」――白恩培、周本順、李春城は、いずれも習近平総書記の最大の政敵である江沢民元総書記の子飼いの幹部たちだったのである。

白恩培は、2012年3月8日に、習近平後継を覆すためクーデターを起こそうとして失脚した江沢民派の大物、薄熙来元中央政治局委員（2013年10月に無期懲役刑が確定）の側近である。薄熙来が決起したら、援軍として雲南省の人民解放軍を出動させようとしていたと噂される幹部だ。

河北省党委書記だった周本順は2015年7月22日、翌月に控えた中国共産党の非公式重要会議「北戴河会議」の準備と称して、河北省北戴河に入った。だが、その目的は、忠誠を誓う江沢民元総書記の代理人として、北戴河に先に来ていた長老たちを説得し、「習近平包囲網」を敷くためだった。

この企みを知った習近平は激怒し、直ちに北京から中央紀律検査委員を送り込んで、周本順党委書記を拘束。同月24日に「周書記の重大な紀律・法律違反」を宣告し、28日に解任を発表した。ちなみに習近平は、その2日後の30日に、臨時の党中央政治局会議（トップ25）を招集して、翌月の「北戴河会議」中止を伝えたのだった。

3人目の李春城は、2012年12月に習近平が「八項規定」（贅沢禁止令）を定めた直後に引っ捕らえた「老虎第1号」である。この年、江沢民元総書記の側近だった周永康前常務委員を首謀者とする「陰謀」が発覚していて、李春城は周永康の「四川閥」の最側近だった。

習近平執行部は、李春城を拘束したちょうど1年後の2013年12月に、周永康を引っ捕らえた。周永康は党常務委員経験者として初めて、2015年6月に無期懲役刑の判決を受けた。

このように、悪人だから捕まえたというよりは、多分に習近平の「私憤」なのである。

それにしても『永遠に路上に』を見ていると、殺《や》るか殺られるかという真剣勝負が、中国政界の権力闘争であることがわかる。

習近平政権には、批判する野党も、チェックするマスコミも、審判を下す有権者もいない。だが、それでは好き放題できるのかと言えば、そうとも言えない。24時間365日、果てしなく続く世界最大規模の権力闘争を闘っているからだ。

それはまるで、永遠に終了のゴングが鳴らないボクシングを続けているようなものだ。永遠に終わらないモグラ叩きと言ってもよい。この緊張感に満ちた権力闘争こそが、中国政治の最大のリスクなのである。

極言すれば、習近平がこの4年間行ってきたのは、権力闘争という「格闘技」だけだった。習近平にとっては、第3章で詳述するように、経済改革もまた、権力闘争の道具である。

ちなみに、『永遠に路上に』の8回分のテーマは、第2話が、第1話に続いて賄賂漬けになっていた老虎の懺悔、第3話は、賄賂を贈っていた側の懺悔。第4話は、石炭王国＝賄賂王国だった山西省のワルたち。第5話は、正義の味方である中央紀律検査委員会の奮闘物語。第6

話は、巨悪と化したハエ（小役人）たち。第7話は、当局と海外に逃亡した腐敗分子との攻防戦。第8話が、官僚や国有企業の腐敗分子たちだった。

その最終回、第8話「腐敗とその根源を同時に断つ」のラストシーンは、意味深だった。

〈2013年9月1日、すべての国有企業を統括する国有資産監督管理委員会の蔣潔敏主任（大臣級）が失脚した。長年にわたって、中国石油天然ガスのトップとして君臨し、九つの油田開発権に関するものだけで、30億4696万元（約520億円）もの賄賂を受け取っていた。2015年10月12日、懲役16年を言い渡された獄中の蔣潔敏が語る。

「私が国家と人民に与えた損失は計り知れない。私が行ったどんな決定にも、部下が口を差し挟むことはなかった。一人がすべての権限を握っていることが、あらゆる問題の根源なのだ」〉

蔣潔敏もまた、中国最大の国有石油メジャーの叩き上げの経営者として、長年にわたって江沢民派にエネルギー利権を与え続けた大番頭である。その蔣潔敏は、獄中インタビューの最後のシーンで、「一人がすべての権限を握っていることが、あらゆる問題の根源だ」と、3回も繰り返した。かつその前には、「監視と監督のない権力は必ず腐敗する」というナレーションが入る。

こうしたセリフは、蔣潔敏が自分自身の反省として述べていることになっている。ナレーションも同様だ。だが、外国人の私が見ていても、ますます権力集中していく習近平総書記を、暗に批判しているように思えてならないのだ。だからこそ、わざわざ8回シリーズのラストシーンに持ってきたのではないか。

思えば、いまから２０００年以上も前の漢の時代に、司馬遷が『史記』を書いた際、最悪の上司だった武帝を誉め殺しした（本紀第12）。いかに英明な皇帝かということを、これでもかと書き連ねることによって、かえって武帝の愚帝ぶりが浮かび上がってくるのである。こうした中国の「誉め殺し作品」の伝統に従えば、この番組も、習近平総書記に対する痛烈な皮肉番組と受け取れないこともないのだ。

ともあれ、この番組を見て痛感したのは、民主政治のない国は必ず腐敗がはびこるということだ。その意味では、習近平は絶対に勝つことのない「14億人とのモグラ叩きゲーム」を続けているのである。

習近平＝神？

ところで、習近平総書記を絶対的な権力者に仕立て上げる「先兵」の役割を担っているのが、中央紀律検査委員会であり、この委員会のトップである王岐山・同委員会書記である。私はこんな話を耳にしたことがある。

「王岐山書記の中国共産党での序列は6位だが、すでに事実上は、序列2位の李克強首相の権力を超え、ナンバー2と言ってよい。誰もが、『王岐山書記の言葉は、すなわち習近平総書記の言葉』と捉えている。二人は青年時代に、互いに北京から下放された陝西省で知り合い、苦楽を共にしてきた。

2012年11月に就任した習近平総書記は、5歳年上の王岐山に頼んで、中央紀律検査委員会書記に着任させた。王岐山書記は就任早々、『中南海に住んでいると心を鬼にできない』と言って、中南海を飛び出し、外の一軒家に引っ越した。中南海にいると幹部や長老たちが次々に訪ねて来て、お目こぼしを頼むからだ。

王書記は、姚依林元副首相の娘婿だが、もうずいぶんと前から仮面夫婦だ。そして、『オレには子供もいないし、いつ恨まれて刺されても仕方ない』とこぼしている。だが実際には、100人もの警備員を引き連れている」

そんな王岐山は、2015年4月23日、習近平の母校・清華大学での講演のため訪中したフランシス・フクヤマ・スタンフォード大学シニアフェロー、青木昌彦スタンフォード大学名誉教授らと面会し、習近平政治について講釈した。

「中国において皇帝というのは、『天子』と呼ばれる神なのだ。中国はいまでも神が統治するから、司法は必ず、中国共産党トップの指導のもとに行動しなければならない。

各国の最高法である憲法は、人間の手によって書かれた紙きれにすぎない。だから憲法が定める最高権力者である大統領は、神ではない。また、日本には天皇がいて、イギリスには女王がいるが、天皇も女王も神ではない。神がいるのは中国だけだ」

王書記は、大胆不敵にも「習近平＝神」論をブチ上げたのである。

この「王岐山講話」は、国営新華社通信が報じたが、長老たちが一斉に反発したため、記事はたちまち削除されてしまった。

だが、習近平・王岐山コンビは、習近平の偶像崇拝化を決して諦めたわけではなかった。

習近平時代になってから、中国共産党の1年は、1月の中央紀律検査委員会の全体会議で明ける。2016年1月12日から14日まで開かれた第6回全体会議で、習近平は、「鉄を打つには自身も硬くないといけない」と説いた。

この言葉は習近平が最も好むものの一つで、2012年11月15日の総書記就任演説で用いて以来、頻繁に使っている。その意味するところは、「共産党員は全国民の模範となれ」ということだ。だが、何をもって「模範」となるかと言えば、それは二つだ。「党章を守る清廉な党員となる」ことと、「習近平講話を守る従順な党員となる」ことである。この教えは、後述する「両学一做《リャンシュエイーツオ》」運動となって結実していく。

中国では、毎年3月初旬から中旬にかけて、春の政治の季節を迎える。3月3日から、政府への唯一の公認諮問機関である中国人民政治協商会議（政協）が10日間ほど開かれ、3月5日からは、国会にあたる全国人民代表大会（全人大）が、やはり10日間ほど開かれる。合わせて「両会《リャンフイ》」と呼ぶが、この時期は全国の地方自治体の幹部たちが北京に結集し、首都の空気が緊迫する。

2016年のこの政治の季節を前に、習近平は「攻勢」に出た。

2月19日、「中国三大官製メディア」と言われる、中国共産党中央委員会機関紙『人民日報』社、国務院傘下正部級の国営新華社通信、副部級の中国中央電視台（CCTV）を、習近平が朝から立て続けに訪問したのである。そしてこの日の午後には、中国中央電視台の大会議室に中国の主要メディアの幹部たちを一堂に集めて、重要講話を述べた。

「メディアの活動は、すなわち（中国共産）党の活動なのだ。メディアは党と政府の宣伝の陣地であり、党の姓を名乗ることが必須だ！」

この講話はその後、「メディア党姓論」（すべてのメディアの姓は共産党であるという理論）として、全国のメディアに浸透していった。かつて毛沢東元主席は、「人民解放軍とメディアは中国共産党を守る二刀の剣だ」と述べた。毛沢東をこよなく尊敬する習近平は、この考えを踏襲したのである。

2月26日、『人民日報』は突然、次のような記事を掲載した。

〈最近、習近平総書記は、毛沢東同志の「党委員会の活動方法」に学ぶようにという重要指示を出した。各級の党委員会のリーダーたち、特に重責を担う同志に、この毛沢東同志の著作を重視するよう、明確に要求した〉

ここから習近平は、毛沢東の生涯の「功績」に対して批判することを禁じていった。

全国人民代表大会の開幕前日の3月4日には、共産党中央宣伝部機関紙『光明日報』が、「党がついに毛沢東同志を高く評価した！」と題した、読むのも疲れるほど長大な社説を掲載した。毛沢東の言動は、1981年の「6中全会」で共産党が否定したはずの文化大革命も含めて、すべて偉業だったという内容だ。

そして全国人民代表大会が開幕した3月5日には、「今後は『反党反毛沢東』の言論をメディアに出すことを許さない」という「党中央厳令」が出された。この「厳令」は、次の5点を定めている。

①紙メディアからネットメディアまであらゆる中国メディアは、中国共産党の喉と舌である。

②党と国家の指導思想はマルクス、レーニン、毛沢東思想であることを堅持しなければならない。
③反党・反国家・反民族の「新三反」に注意せねばならない。
④メディアに対する管理と指導を強め、メディア人の政治的立場を鮮明にし、政治的頭脳を覚醒させねばならない。
⑤党のメディアと世論に対する指導を強め、正確な思想意識を持つメディア人を育成しなければならない。

習近平としては、自らを「建国の父」毛沢東の正統な後継者と位置づけ、毛沢東の偉業を神聖化することによって、間接的に自らの神聖化を図ったのである。それはまるで北朝鮮のような手法だった。


だが、祖国統一戦争を戦っていた20世紀の毛沢東時代と、21世紀のインターネット時代では、まったく事情が異なっている。改革開放後の1982年12月に施行（その後4回改正）された中華人民共和国憲法の第35条には、こう記されている。

〈中華人民共和国の公民は、言論・出版・集会・結社・デモ・示威の自由を有する〉

つまり、国家主席である習近平自らが、憲法違反の発言をしていることになる。

このあたりは、前述の「習近平＝皇帝＝神」論で説明できるのかもしれない。すなわち、古代中国において「法」というのは、「皇帝以外の全国民が守るべき掟」であり、「法治」というのは、「法を用いて皇帝が民を統治すること」を意味したからだ。ちなみに「民主」という言葉も、中国では古代から使われていたが、これも現在、世界で敷衍《ふえん》している「民が主」という意味ではなく「民の主」、すなわち統治者を意味していた。

それでは、法律に書いてあることと、皇帝の指示とが異なる場合は、どうしたらよいのか。これは「天の神の代理人」である皇帝の指示が優先されるのである。なぜなら法律というのは、「皇帝の意思をまとめた文書」であるから、皇帝から新たに指示が出たら、それは「法律が上書き（改正）された」と見なされるからだ。

こうした中国伝統のロジックに従えば、習近平講話と中華人民共和国憲法との矛盾は、解決されるというわけだ。

ともあれ、この頃から中国メディアは、完全に去勢されたような「党の宣伝機関」と化してしまった。主要メディアの記者や社員たちには、「1ヵ月研修」が課せられた。その間、外部世界から遮断された研修所で、徹底的に「習近平思想」を洗脳教育されたのである。

4月1日の夜、次のようなアネクドート（政治小咄《こばなし》）を作った中国人がいた。

〈今日は「愚人節（エイプリル・フール）」だった。日頃、殺伐とした中国社会で騙され続けている私は、今日はいったい、どんな詐欺師が騙しに来るかと、警戒心を強めていた。
だが午前中は何もなかった。午後になっても警戒心を解かなかったが、やはり何も起こらなかった。こんな奇跡のような日もあるのかと思っていたら、夜7時になって『新聞聯播《シンウェンリエンボー》』が始まった〉

『新聞聯播』は、中国中央電視台の夜のメインニュース番組だが、このところすっかり習近平総書記の偶像崇拝番組と化してしまっていることを皮肉ったものだった。

他にも、「喜禁評」という言葉が、ひそかに流行語となった。発音は「習近平」と同じシージンピン。「評されるのを禁じることを喜ぶ」という意味だ。

反発と弾圧

こうしたメディアの統制に対して、都市部のインテリ層は反発を見せている。その点も、毛沢東時代と似通っていて、毛沢東主席は反右派闘争や文化大革命を起こして、都市部の多くのインテリ層を、粛清したり農村に下放させたりしたものだ。

2月19日に「メディア党姓論」が発令されて、真っ先に反発したのは、「北京のトランプ」の異名を取る不動産王、任志強・北京市華遠集団元会長だった。この日の晩、自身の「微博《ウェイボー》」

（ミニブログ）」で吠えた。

「ひょっとして、あの時代に戻ろうってつもりなのか？」

「人民の政府がいつの間に、党の政府に変わったのだ？　人民政府が使うカネは党費なのか？」

「こんなこと、勝手に変えてよいものか！」

「徹底的に対立する両陣営に分けるつもりか？　すべてのメディアに姓があって、かつ人民の利益を代表しないのなら、人民は捨て去られ、路頭に迷うようになるだろう（悲）」

この「北京のトランプ」のフォロワーは、3700万人を超えていた。かくいう私もフォロワーの一人で、「やはり来たか」と思いながら読んでいた。

私が北京に住んでいた時分（2009～2012年）、任志強元会長は、「任大炮《レンダーパオ》」（大口叩きの任）というニックネームだった。不動産価格の高騰が社会問題になると、「貧乏人が家を買いたがるから地価が上がる」と語り、株価が高騰すると、「学生の分際で株を買うなんて100年早い」と吠えた。講演会で怒れる学生が靴を投げつけたら、「これでオレは（イラクで靴を投げられた）ブッシュ大統領と同等になった」と嘯《うそぶ》いた。

そんな「中国のトランプ」を、私は個人的にはあまり好きではなかったが、それでもフォローを続けていた。それは、一つの指標になると思ったからだった。

ある中国人は、「任大炮は王岐山書記の幼なじみだから、何でも言いたい放題なのだ」と語っていた。ともあれ習近平時代になってからは、任志強元会長がモノを言えなくなった時が、習近平総書記のインテリ層に対する圧力が「分水嶺」を越えた時だと思っていたのだ。

それが、2016年2月19日だった。前述のまるで速射砲のようなメッセージが放たれた直後に、「北京のトランプ」の微博は、プッツリと途絶えた。そして以後は、「相関する法律法規政策に基づき、任志強という検索結果は提示されません」という文字しか表れなくなった。つまりは、ミニブログが強制的に閉鎖されたのである。

北京では、「任大炮は政治犯として監獄に繋がれた」「いや、すでに処刑されたらしい」などと、様々な憶測が飛び交った。結局、5月2日になって、北京市西城区の共産党委員会が、「党の政治紀律への厳重な違反により、1年間の監察処分を下した」と発表したのだった。

他にも、権力集中を強めていく習近平への反発が起こった。全国人民代表大会の開催を翌日に控えた3月4日午前0時、インターネット・メディア『無界新聞』のトップページに、「習近平同志の党と国家の指導者としての職務辞任を要求する」と題した前代未聞の「習近平批判」がアップされたのである。

『無界新聞』は2015年4月に、新疆ウイグル自治区、財訊集団、アリババが共同出資して、新疆ウイグル自治区の区都ウルムチに作られた。そして、習近平政権の周辺外交政策である「一帯一路」（シルクロード経済ベルトと21世紀海上シルクロード）を後押しする新疆ウイグル自治区の宣伝機関の役割を果たしていた。

この文章は数十分後に削除されたが、以下は、その要旨である。


〈習近平同志、ニーハオ！

われわれは、忠誠なる共産党員だ。「両会」の開幕にあたって、あなたにこの手紙を送る。あなたにあらゆる党と国家の職務から辞任することを要求するためだ。

習近平同志、あなたは２０１２年の第18回共産党大会で中央委員会総書記に当選して以来、すべての権力を自己の掌中に収め、自分が直接決裁し、政治・経済・思想文化などの各領域において、かつてない危機をもたらしたのだ。

政治的には、党の優良な伝統であり、民主集中制の核心である党中央常務委員会の集団指導の原則を棄損し、権力を過分に集中させた。党中央紀律検査委員会は、各機関や官庁、国有企業などに巡視組を派遣し、新たな権力体系を構築した。それによって職場は大混乱に陥った。

外交的には、周辺諸国との良好な関係を断ち切り、その結果、日本などの周辺国は中国包囲網を敷くようになった。北朝鮮は核ミサイル実験を成功させ、アメリカは「アジアへの回帰」を成功させた。台湾では民進党が政権を獲得してしまい、香港では独立勢力が台頭する羽目になった。特に香港問題では、異常な方法で香港の出版人を内地に引っ張り込み、鄧小平同志が定めた英明な「一国二制度」に決定的なダメージを与えた。

経済的には、あなたは中央財経指導小グループを通して経済政策全般に関与し、中国の株式市場と不動産市場に大打撃を与えた。庶民の10万元単位の資産が消滅し、泣き寝入りを余儀なくされた。「供給側構造性改革」によって大量の国有企業従業員が失業した。民営企業には倒産の嵐が吹き、やはり大量の失業者を出した。周辺外交政策である「一帯一路」は、混乱した国や地域に大量の準備外貨を投入し、リターンをもたらさなかった。その結果、人民元は切り下がり、経済は崩壊の危機にさらされている。

思想文化の面においては、「すべてのメディアが中国共産党の姓を名乗れ」と命じ、メディアが国民の側を向くことを拒絶する。これは驚くべき行為だ。

あなたの夫人・彭麗媛《ほうれいえん》の妹は、中国中央電視台の『春晩《チュンワン》（中国版『紅白歌合戦』）』のチーフ・プロデューサーの座に就き、庶民が楽しむ『春晩』を、習近平個人崇拝の宣伝道具に仕立て上げた。このようなふざけた個人崇拝には、心が暗澹としてくる――われわれの党、国家と民族は、今後10年は起ち上がれないだろう！

習近平同志、あなたは反腐敗運動を推進しているが、そのためにいまや、全国の官僚たちの不作為が蔓延しているではないか。官僚たちは失脚を恐れて何も行動しなくなっているのだ。現在あなたが行っている反腐敗闘争は、ただの権力闘争であり、その目標があなたの権力一極集中にあることは、誰の目にも明らかだ。
　このため習近平同志、あなたには、党と国家に明るい未来を与える能力が備わっていないと、われわれは考える。あなたが即刻、あらゆる党と国家の職務を辞職することを要求する。
忠誠なる共産党員　2016年3月〉

何とも大胆不敵な提言である。その文体と内容から、「中南海」の高位の人間が綴ったものと推測された。

前半部分の「民主集中制の核心である党中央常務委員会の集団指導の原則を棄損し、権力を過分に集中させた」というくだりは、解説が必要かもしれない。

党中央常務委員会、いわゆる「トップ7」は、前述のように中国共産党の最高意思決定機関である。胡錦濤時代までは、何かと非民主的と言われる中国政治において、唯一民主的に多数決で票決していたのが、党中央常務委員会だった。胡錦濤時代には常務委員が9人いたが、1人1票が原則で、いくら胡錦濤総書記の提案でも、過半数が取れなければ否決された。逆に胡錦濤総書記が反対しても、過半数が賛成すれば可決された。

　実はこのことが、胡錦濤時代の10年間、江沢民元総書記に国政を壟断《ろうだん》された最大の要因だった。なぜなら江沢民元総書記が押し込んだ常務委員が、過半数を占めていたからである。

現在の習近平時代になっても、相変わらず江沢民元総書記が押し込んだ常務委員が、過半数を占めている。そこで習近平総書記は2014年に、王岐山常務委員（党内序列6位）を味方につけて、総書記に拒否権を付与することにした。つまりどんな決定も、自分の賛成がないと可決できないようにしたのだ。実際にその後、拒否権を連発するようになった。筆者である「忠誠なる共産党員」は、この「拒否権」に対して批判しているのである。

この文章が『無界新聞』に掲載された経緯は、いまだ詳らかにされていない。『無界新聞』内部による「クーデター説」と、外部による「ハッキング説」がある。「ハッキング説」には、国内の江沢民派による犯行説から、米CIAによる陰謀説まで、諸説飛び交っている。

だが、こうした不穏な「事件」は、その後も続いた。3月13日には新華社通信が、次のような記事を配信したのだ。

〈中国の最後の指導者である習近平は、今年の「両会」で、「中国の発展は一時一事、波はあるが、長期的に見れば順風満帆だ」と表明した〉

1時間後に新華社通信は、「中国の最後の指導者」を「中国の最高の指導者」に訂正して、配信し直した。その後、関係者は上から下まで、厳重な処分を受けたという。

これは、「高」を「後」と打ち間違えた単純なミスだろうか？　私にはそうは思えない。まず「gao」と「hou」を、中国人が打ち間違えることは、まずない。中国語のタイプ方法は、ピンイン法や五筆打法などがあるが、いずれも打ち間違いが起こるとは考えにくい。

そもそも「中国の最高の指導者（中国最高領導人）」という表現自体が不自然だ。普通は「習近平総書記」か「習近平主席」と表記される。時に親しみを込めて「習近平同志」と書かれることもあるが、「中国最高領導人」という言い方は奇異である。つまり、中国の官製メディア内部で、習近平政権のあまりの締め付けに反発が起こったと見るべきだろう。

ちなみに、それから4ヵ月後にも、似たような事件が起こった。7月1日、中国共産党創建95周年の記念式典で、習近平総書記が記念演説を行った。その模様を、中国で最も人気があるインターネット・ニュースメディアの一角「騰訊網《テンセント・ネット》」が、次のように報じたのだ。

〈習近平が重要講話で発狂した（習近平発飆了重要講話）〉

騰訊網は直ちに、「習近平は重要講話を発表した（習近平発表了重要講話）」と訂正した。「飆」も「表」も発音は同じ「biao」だが、前者は一声で後者は三声であり、こちらもプロの記者が間違えるとは思えない。特に、習近平総書記に関する記事は、日本で言えば戦前の天皇陛下のお言葉のように、何重にもチェックされた後に配信されるのだからなおさらだ。

この一件は、党中央宣伝部の逆鱗《げきりん》に触れた。宣伝部の意を受けた国家インターネット弁公室が、「改革派」として知られた「騰訊網」の王永治編集長を解任し、一介のスポーツ担当記者に左遷してしまったのだ。共産党と政府は民間企業の人事にも介入してくるのである。

習の攻撃、李の抵抗

習近平総書記の「攻撃」の矛先は、ナンバー2の李克強首相（国務院総理）にも向けられた。李首相は習近平に対して絶対忠誠を誓うことを拒んでいるからだ。そのため、習近平は、2017年秋の第19回共産党大会で、李克強首相の解任（任期は2018年3月まで）を目指しているものと推定できる。

2016年2月22日、習近平総書記は、党中央政治局会議（トップ25）を招集した。来たる全国人民代表大会の段取りや、初日の3月5日に李克強首相が約2時間かけて演説し、中国全土に生中継される「政府活動報告」の内容を、最終的に承認するためだ。

この時、トップとナンバー2との間で、「諍《いさか》い」が起こった。その「諍い」の中身は、残念ながらいまもって確定できない。噂は諸説ある。「政府活動報告の内容を巡って、習総書記と李首相が言い争いになった」「習近平総書記が『経済をうまくできない幹部は、どんな高位に就いていようが退出してもらう』と発言し、暗に李首相の辞任を促した」「李首相が習総書記に辞表を叩きつけたが、習総書記が受け取らなかった」

ともあれ、「何か」が起こったのはたしかだった。

開幕日の３月５日に新華社通信は、「今回の『政府活動報告』は李克強首相が自ら起草し、党中央（習近平総書記）に提出して４回、改稿した」と報じた。この意味するところは、習近平総書記に４回もダメ出しされて、突き返されたということだ。このようなことは前代未聞だ。

だが、この報道は一瞬にして、ネット上から削除された。代わって、「李克強総理が起草した『政府活動報告』は、現場で44回も拍手喝采を浴びた」という記事が配信されたのだった。

実際には、１時間53分に及んだ李克強首相の「政府活動報告」は、散々だった。「政府活動報告」は、第１部「２０１５年の活動回顧」、第２部「第13次５ヵ年計画の主要目標任務と重大措置」、第３部「２０１６年重点活動」へと進んだ。

だが読み進むにつれて、李克強首相の声は嗄れ、汗だくになってきた。明らかに、身体か精神に変調をきたしていた。

第３部に入ったくだりで、李首相は決定的なミスを犯した。

「鄧小平の一連の重要講話の精神を深く貫徹する」

李首相は力強くこう述べたのだった。だが原稿では、「習近平総書記の一連の重要講話の精神を深く貫徹する」となっていた。

習近平が「建国の父」毛沢東をこの上なく尊敬しているのと同様に、李克強は「改革開放の総設計師」鄧小平をこの上なく尊敬している。そして毛沢東や、その後継者を気取っている習近平のことは、「時代錯誤で経済オンチの指導者」として、心中蔑んでいると、中国のインテリたちは認識している。こうしたホンネが、全国民が注視する演説の中で、思わずポロリと露呈してしまったのかもしれない。

李首相は慌てて、「習近平総書記の……」と言い直した。

この時、近くに座っていた習近平は、苦虫を噛み潰したような顔に変わった。実際、李克強が演説を終えると、習近平は、恒例となっている首相との握手も交わさず、李首相を完全に無視して、不機嫌な表情でスタスタと壇上から立ち去ってしまったのである。

こうしたことから、全国人民代表大会の会期中、にわかに「李克強危機説」が飛び交うようになった。それは例えば、次のような声だ。

「2013年3月に李克強首相が誕生した頃は、『李総理』と呼ばれていた。ところが、徐々に習近平総書記に頭を押さえつけられていったため、2014年には『李省長（省は日本の県に相当）』というニックネームがついた。さらに2015年になると、『李県長（県は日本の郡に相当）』に変わった。

もし今後、『李村長』というニックネームで呼ばれるようになったら、いよいよ2018年3月の任期満了を待たずしてクビだろう」

こうした「不穏」な状況は、李克強首相本人も、十分自覚しているはずだった。「政府活動報告」の演説を行った翌6日の午前中、李克強は山東省の分科会に顔を出した。4年連続の参加で、これは李克強が山東省代表団に属している（程虹夫人が山東省出身）ということもあるが、「盟友」の郭樹清省長が率いていることも大きかった。

郭樹清省長は、「ミニ朱鎔基」という異名を取るほど有能な改革派で、周小川・中国人民銀行総裁の有力な後継候補だった。だが2013年3月に、中国証券監督管理委員会主席から山東省に飛ばされた。習近平に疎まれたからだとの噂が立った。

すると郭樹清省長は、山東省の約20の主要都市の副市長に、北京などから金融の専門家を引っ張ってきて、まるで山東省の物語『水滸伝』の梁山泊のように、「金融王国」を築いていった。中国のGDP成長率が6・9％まで落ちた2015年も、山東省は8・0％をキープしていた。私は2016年8月に、山東省の沿岸部を視察したが、破綻一歩手前に陥っている隣の遼寧省とは別世界だった。

分科会で李克強首相は、テレビカメラを意識しながら、前日とはまるで別人のように、相好を崩して郭樹清省長と話し込んでいた。時折、二人でジョークを言い合って、記者団を笑わせたりもしていた。

郭樹清省長は、翌7日に山東省の記者会見を開いた。そこで「最近の低迷する株価をどう見ていますか？」と記者に質問されると、にんまりした表情で、次のように答えたのだった。

「それはあらゆる人間の中で、私は答えるのに最もふさわしくないな。もし（山東省の特産品）白菜の価格を聞いてくれたら、オレは詳しいぞ。ちなみにトウモロコシ価格も昨年より大幅に下落した。だがそれでも国際価格よりは高い。

わが省は、忙しいよ。何たって、（他省のような失業者増大ではなく）人手不足に悩んでいるんだからな」

まさに、習近平の稚拙な経済政策に対する痛烈な皮肉と受け取れた。もしかしたら、盟友の李克強と示し合わせていたのかもしれなかった。

当の李克強自身も、最終日に意地を見せた。3月16日午前10時32分、全国人民代表大会のトリを飾る年に一度の李克強首相の記者会見が始まった。李克強にとっては3回目の会見だ。

李克強は元来、記者会見が苦手である。それはおそらく、記者団との「立ち位置」が定まっていないからだった。習近平総書記のように、「メディアは党の姓を名乗れ」などと上から目線で弾圧するのは肌に合わなかった。だがそうかといって、幹部としてのプライドもあるから、記者たちに媚びるわけにもいかない。

そのため過去2回の会見は、無難に済ませ、最後は「もうお昼だし、記者の皆さんも空腹でしょう」と言って引き揚げてしまった。

2016年の記者会見は、中国メディアと外国メディアが、交互に8人ずつ計16人が質問した。だが過去2回と較べて、記者たちの質問も李首相の回答も一層無難になった。

会見が2時間を過ぎて12時34分になったところで、司会役の傅瑩国務院報道官が、「もうお昼時だし……」と前年の李克強の言葉をもじって、記者会見を切り上げようとした。すると、李克強がいきなり傅報道官を遮って、次のように発言したのだ。

「ちょっと待って。そこの真ん中に座っている、先ほどから何度も挙手している女性。『農民』と書かれた2文字の腕章が見える。私は若い頃、農民をしていた。だから彼女のことが忍びなく思えてならない。彼女に最後の質問の機会を与えようではないか」

会見場は、にわかにざわついた。そんな中、『農民日報』の女性記者が質問したのは、「最近のトウモロコシ価格が2割下がった原因は？」というたわいもないことだった。李克強も、「われわれは一貫して『三農問題』（農村、農業、農民問題）を非常に重視している」と無難な回答をして、会見を終えたのだった。

李克強は、なぜ最後に唐突に、このような異例の挙措に出たのか。中国の政治家が、前例とか予定調和的なものを破る時には、そこに必ず政治的なメッセージが込められている。

例えば、2015年11月にクアラルンプールで開かれた東アジアサミット（EAS）のパーティ会場でのこと。李克強首相は突然、日本語通訳（孔鉉佑中国外交部アジア局長）を伴って安倍晋三首相に近づき、約15分にわたってにこやかに立ち話をした。あげく、「ちょっと外へ出よう」と、安倍首相を誘ったのだ。

両首相が廊下に出ると、そこには中国中央電視台のカメラが待ち構えていた。

このハプニングを、日本のメディアは「安倍首相が日中友好を演出した」と報じていたが、中国側の見方は次のようなものだった。

「あの時、李克強首相は、南シナ海の埋め立て問題で失点をしたら、習近平総書記から手厳しく追及されると、背水の陣で臨んでいた。南シナ海問題でカギを握るのは、第一にアメリカで、第二に日本だ。そこで日本をうまくとりなしたことを、北京の習近平に見せつけようとして、わざわざ安倍首相を口説いて、中国のテレビカメラが控えるところまで出てきたのだ」

それでは、全国人民代表大会の最終日の会見で李克強首相が見せた「農民パフォーマンス」は、何を意味したのか？

これは私の推測だが、李首相は2013年3月の就任から半年くらいの間、内外の人士と会うと、口癖のようにこう豪語していた。

「私は若い頃、安徽省で農民をやっていた。そこから国務院総理にまで上り詰めたのだ。だから私には、恐れるものは何もない」

この発言は、「改革開放政策を推進するにあたって、保守的な上司の習近平総書記を恐れない」という意味に受け取られた。だが、次章で詳述するが、同年11月の「3中全会」（中国共産党第18期中央委員会第3回全体会議）を機に、李克強首相は習近平総書記に、完全に首根っ子を摑まれていった。

そこで李首相は、再び「オレは農民だった」と宣言することで、自己の存在をアピールしたかったのではないか。つまり習近平に対する「ささやかな対抗心」を見せつけたのである。

加速する個人崇拝

全国人民代表大会を終えると、習近平総書記は、自己の個人崇拝化に向けた行動を加速化させていった。それが、「両学一做《リャンシュエイーツオ》」（党章と習近平講話を学習し、党員として合格する）運動である。

全国人民代表大会直前の2016年2月28日、習近平は党中央弁公庁を通して、「両学一做」運動を、8875万共産党員に向けて発布した。これは、約1・5万字ある党章と、2012年11月以降の習近平講話を、全党員が年末までに手書きで書き写すという指令である。かつて毛沢東が『毛沢東語録』によって国民を洗脳したように、「習語《シーユイ》」（習近平語録）で全党員を洗脳し始めたのである。

習近平総書記は4月24日から27日まで、安徽省を視察した。『新聞聯播』は27日、30分の番組中、実に22分24秒も充《あ》てて、この「習主席安徽省視察」を、まるで世紀の重大ニュースであるかのように報じた。これだけ多くのニュース時間を共産党総書記の一つの地方視察に充てたのは、1978年の番組開始以降、初めてではなかろうか。つまり習近平総書記にとっては、それだけ重要な視察だったというわけだ。

ニュース報道によれば、24日午前、習近平は北京から総書記専用機に乗って、安徽省の省都・合肥に降り立った。そこから車で1時間半走って、金寨県の「紅軍広場」に着いた。そこに建つ革命烈士記念塔に献花し、紅軍記念堂の前を通って革命博物館に入った。

革命博物館は、この地で抗日戦争を起こした共産党軍烈士1万1000人の勇姿を讃えるため、1983年にオープンしたという。習近平は真剣な眼差しで展示物を眺め、右手の人差し指を立てながら、「革命事業を継続する重要性」について説いた。

習近平は同日午後、山あいのバスに揺られて1時間、金寨県花石郷大湾村を訪問した。そこは貧困から脱した農村なのだという。映像を見ると、失礼な言い方だが、土地の土煙と区別がつかないような格好をした村民たちが、「党と政府のおかげで茶園や魚の養殖、小型の太陽光パネルの組み立てができるようになりました」などと言って、習近平総書記を拝んでいる。習近平総書記は、農民の家（小屋?）に入って行き、「結構な布団があるじゃないか」と誉め上げたりして、まるで革命画が描く「毛沢東と人民」の構図だ。

26日、習近平は合肥に戻って、中国科学技術大学のキャンパスを視察した。ロボットや新エネルギーなどを見学した後、「君たちは国の未来を背負っているのだから、しっかり勉強しなさい」と説教を垂れた。

驚いたのは、習近平が校庭に出てきた時である。1000人以上もの学生たちが、一斉に「紅歌」（中国共産党賛歌）を唱い、興奮した様子で手を振り上げているのだ。これは、文化大革命の時の「紅衛兵」の振る舞いそのものである。すっかり毛沢東気分の習近平は、満面の笑みを浮かべながら、大学を後にしたのだった。

習近平は、25日に安徽省の党と政府の幹部を前に行った演説でも力説した。

「われわれには、自己の内なる革命が必要だ。『両学一做』教育は、今年の中国共産党の一大事業だ。これを全党員が貫徹していかねばならない！」

こうして、「両学一做」運動の開始が宣言された。全国8875万人の共産党員に、国家行政学院政治学部編集の『2016年版中国共産党党内重要法規』と、中国共産党中央宣伝部編集の『2016年版習近平総書記系列重要講話読本』が配られた。配られたと言うと、無料配布されたように思えるが、中国共産党は党員の基本給与の0・5〜2％（給与水準によって4段階に分かれる）を党費として徴収しているので、そこからまかなわれたのだ。

そして全党員が、「5・1労働節」（メーデーの連休）にこの2冊を熟読し、連休明け以降、これらをノートに手書きで筆記していかねばならなくなった。

中国人は、よく挨拶代わりに、「吃了嗎《チーラマ》？（ご飯食べた？）」と声を掛け合う。だがこの頃から挨拶言葉が、「抄了嗎《チャオラマ》？（書き写した？）」に変わっていったのだった。

「労働節」3連休の中日にあたる5月2日の夜7時半、著名な映画監督の謝軍が演出を担当して、労働節を祝うビッグ・コンサートが、北京の人民大会堂（国会議事堂に相当）内の「万人礼堂」で行われた。万人礼堂は、名前の通り1万席以上ある巨大ホールで、全国の党・政府・軍の幹部たち、それに多くのメディアが招待された。

この日、コンサートを開いたのは、「56輪の花」という名の、16歳から23歳までの56人の少女たちだった。中国人は約92％が漢民族で、残りの約8％が55の少数民族である。そのため、一民族一人ずつ美女をピックアップして、計56人の美女軍団を作ったのである。

一説によると、元国民的歌手で習近平夫人の彭麗媛が、日本のAKB48のようなグループを中国に作ることを命じたという。実際、中国メディアは「56輪の花」に「日本のAKB48を超える世界最大規模のグループ歌手」という形容詞をつけていて、多分に日本を意識している。

だが、AKB48と決定的に違うのは、「56輪の花」が歌うのは、「紅歌」（中国共産党賛歌）だということだ。この日は30曲の「紅歌」を熱唱し、そこには「偉大なる習近平」を讃える歌も並んでいた。2013年11月3日に、習近平総書記が湖南省の貧しい苗《ミャオ》族の村を視察したことを讃えた『あなた様を何と呼んでいいかわからない』。習近平政権のキャッチフレーズである「中国の夢」を讃えた『中国の夢は何よりも美しい』などだ。聞いていると、ほとんど北朝鮮の「金正恩喜び組」の世界である。

この時のコンサートでは、招待を受けた中国メディアに対して、「党の姓を名乗ること」、すなわち「56輪の花」を称賛することが強いられた。そのため、かつては「北京市民の社会正義の代弁者」を標榜していた『北京青年報』までが、『56輪の花』の少女たちが人民大会堂に紅歌の熱風を巻き起こした」と題したヨイショ記事を出す始末だった。

一方、インターネットやＳＮＳ上では、このコンサートについて、「何だ、このキモい歌詞は？」「こんな歌でライバルのＡＫＢ48に勝てるのか？」といった書き込みが相次いだ。だが、すべて「秒刪《ミャオシャン》」されてしまった。この新語は、「わずか1秒でネット上から削除される」という意味で、習近平時代になってから流行語になっている。

２０１６年5月16日、中国南部・江西省の省都・南昌市にある南昌鉄道が運営している自社の「微博《ウェイボー》」に、若い新婚夫婦が写った一枚の写真が掲載された。写真には、南昌送電所のエンジニア助手・李雲鵬君と、鉄道の補修工助手・陳宣池さんが、それぞれ燕尾服とチャイナドレスを着て写っている。

前日の15日日曜日に、晴れて結婚式をあげた二人は、「初夜」を迎えた。ところが写真に写った新郎の李君は、「両学一做」の教えを守って、夜自宅のデスクに電気をつけ、ノートを広げて一心不乱に、中国共産党の党章を筆記している。新婦の陳さんは、そんな夫に寄り添って、書き写す様子をうっとりした表情で見守っている——。

「新婚之夜抄党章」（新婚の夜に中国共産党の党章を書き写す）と題されたこの写真も、瞬く間にネットやSNS上で「炎上」してしまった。

「何とも哀れな、若き中国共産党員よ！　オレも家族も、共産党員でなくてよかった」

「李雲鵬は、ホモなんじゃないか？」

「いや、インポテンツさ。だから初夜なのにベッドへ行かず、党章なんか書き写している」

「挙頭望明月、低頭抄党章」（頭をあげて明月を望み、頭を下げて党章を書き写す＝李白の有名な詩「静夜に思う」のもじり）

このように、個人崇拝の浸透を狙った習近平政権から見たら、思わぬ方向に議論が展開してしまったのである。これら「不穏当な発言」も次々に「秒刪」されたことは言うまでもない。しまいには、もとの南昌鉄道の「微博」まで閉鎖されてしまった。それでも気が済まなかった党中央宣伝部は、もとのブログが閉鎖されているというのに、『新婚之夜抄党章』は国を利し、国民を利する良い行いだ」と題した文章を、全国のメディアに対して転載するよう厳命したのである。

そもそも、この物議を醸した写真が発表された5月16日は、文化大革命の50周年記念日だった。半世紀前の1966年5月16日、毛沢東は中国共産党中央政治局拡大会議を招集し、「五一六通知」を採択した。ここから「四人組」（文化革命小グループ）を起ち上げ、全国に「紅衛兵」を組織。彼らは「造反有理」（造反には理がある）をスローガンにして、その後10年間で数千万の中国人が犠牲となる未曾有の悲劇が起こったのである。

中国共産党は1981年6月、鄧小平の指導のもとで開いた「6中全会」で、「毛沢東同志に関しては功績が第一」としながらも、文化大革命を起こした毛沢東の誤りを総括している（「中国共産党中央委員会の建国以来の党の若干の歴史問題に関する決議」）。この決議から35年の年月を経て、習近平は文化大革命50周年の年に、毛沢東が犯した文化大革命の過ちを、再び正当化しようと目論んだのだった。

結局、この文革50周年当日、中国メディアは沈黙した。これは、習近平が推進する毛沢東礼賛と自己の偶像崇拝化運動に対して、党内で相当強い反発が起こっていることを想起させた。実際、翌17日になって共産党中央機関紙『人民日報』は、「歴史を鑑《かがみ》とすることは、よりよく前進するためだ」と題した論評を載せた。

〈文化大革命は、リーダーが誤って発動したものだ。歴史が証明しているのは、文化大革命は理論上も実践上も、完全に誤りだったということであり、文化大革命にはいかなる革命的意義も、社会的進歩もないということだ〉

この論評には、「任平」という署名が入っていた。「百度《バイドゥ》」でこの名前を検索してみたところ、華為《ファーウェイ》の任正非総裁の息子を始め、11人の「任平氏」が出てきた。だが、いずれもこのような大胆な論評を書く人物とは思えない。

任という姓で中国人が連想するのは、前述したように、習近平総書記のマスコミ統制強化に抗議して処分を受けた任志強・華遠集団元会長である。そんな人物を連想させるような署名で、習近平総書記が目論んだ「文革肯定」と個人崇拝を阻止しようとする文章が、党中央機関紙に出されたのである。

だが習近平は、すぐさま反撃に出た。この「文革否定論文」が出た5月17日午前、哲学や社会科学方面の中国を代表する学者たちを集めて、「哲学社会科学活動座談会」を開催。中国中央電視台のカメラを入れて、長い演説をぶったのである。

その演説草稿全文を精読したが、A4用紙で14枚にも及び、習近平総書記のマルクス主義に対する強烈な思いが込められていた。習近平総書記はよく長広舌をぶつが、これほど長いものは珍しく、「毛沢東は偉大な哲学者であり、思想家であり、社会科学者だった」と持ち上げた。そして毛沢東元主席の功績を延々と讃えた上で、「マルクス→毛沢東→習近平」と続く思想の系譜を明確にしたのだった。

習近平は、反撃の第2弾として、5月20日午後、中央全面深化改革指導小グループ第24回会議を招集した。この中央全面深化改革指導小グループは、2013年11月の「3中全会」で、経済分野に関する実権を李克強首相から奪い取った習近平総書記が、「改革の司令塔」として設立した組織だ。習近平グループ長の下に、李克強、劉雲山、張高麗の3人の常務委員が副グループ長に就いている。

この会議でも習近平総書記は、「社会主義の核心的価値観」の堅持、教育と実践を説いたのだった。社会主義の核心的価値観とは、第1章で述べたように、「富強、民主、文明、和諧、自由、平等、公正、法治、愛国、敬業、誠信、友善」のことで、「習近平思想」の中核をなす。

続いて、6月9日の端午の節句も、政治利用された。端午の節句は、古代の戦国時代末期の楚の政治家・詩人の屈原を讃えた日で、中国人はちまきを食べたり、香草の風呂に入ったり、竜をかたどった舟を川に浮かべて乗ったりする風習がある。

中国では、この日から3連休となったが、例年のこの祝日のトップニュースはと言えば、「端午の節句の今日、全国各地で様々な催し物が行われました」というイベント紹介だった。ところが2016年に限っては、「習近平総書記は過去に様々な形で、屈原を引用した講話を述べられました」というニュースに一変したのである。つまり、「偉大な屈原を讃えるこの日、現代の偉大な習近平総書記を讃えなさい」というわけだ。

6月15日、習近平は63回目の誕生日を迎えた。だがその2日前の6月13日に、強烈な「反撃パンチ」を浴びた。『人民日報』に、「トップのあるべき姿とは」と題した驚くべき評論が載ったのだ。

〈トップ（一把手《イーバーショウ》）であるからには、自分が握っている舵の限度をよくわきまえねばならない。何が可能で何が不可能なのかということだ。あるトップは、自分がナンバー1だと勘違いして、職場を自分の「領地」に見立てて、公権を私権に変えて、やりたい放題だ。自分の話を誇大妄想的に政策にしていき、職場を針も通さない、水も漏らさない独立王国に変えていく。

このような唯我独尊的な権力の保持は、大変危険であり、そのようなトップは往々にして「哀れな末期《まつご》」を迎えるものだ。

またトップというのは、全局を摑み、大事を謀り、大を摑んで小を手放すのに長《た》けていなければならない。それなのにあるトップは、自分の手元から大権がこぼれ落ちるのを恐がって、分をわきまえない。それですべての権・財・物・人を独占しようとする。大から小まですべてを掌握しようとして、結果何も掌握できない様となるのだ〉

ここに掲げたのはエッセンスで、実際の文章はもっと長い。「トップ」が習近平総書記を指すとは一言も書いていないが、中国人なら誰が読んでも、習近平総書記を連想して、思わず苦笑してしまう文章だ。

これほど強烈な習近平批判ののろしが、党中央機関紙から上がったことはなかった。これは中南海で、習近平派と反習近平派の間で、仁義なき権力闘争が展開されていることを想起させた。

司会役をやらされる李首相

こうした中、7月1日、中国共産党創建95周年を迎えた。国営新華社通信は「9」と「5」の数字にあやかって、6月20日午前9時50分から、9分5秒にまとめた『紅色気質』と題する「中国共産党の偉大なる95年史」の映像を、繰り返し流し始めた。『紅色気質』は、8875万全党員に視聴が義務づけられ、全国の党支部で『紅色気質』に関する学習会が催された。

私も早速、見てみたが、「中国共産党と同い年」という95歳の老婆・瞿独伊が、ロシア語で「インターナショナル」（国際共産党賛歌）を歌い出すシーンから始まる。彼女の父・瞿秋白《くしゅうはく》は、この歌を中国語に訳した罪で、1935年6月18日に福建省で処刑された。

映像の前半は、瞿秋白のような尊い「革命烈士」たちが、いかに多かったかということを強調していく。その後、空が晴れて、1949年10月1日の「開国大典」、すなわち天安門楼上での毛沢東による中華人民共和国の建国宣言のシーンとなる。

続いて、1978年の「3中全会」で、鄧小平が改革開放路線を宣言するシーンが映し出される。中国の現在の経済発展のもとになった重要会議だ。その後、江沢民と胡錦濤の写真が、それぞれ一瞬だけ出て消える。まだ存命の両元総書記は、「オレの時代はたった1秒か！」と激昂したに違いない。

後半は、習近平総書記が人民たちとともに、「中国の夢」に向かって進んで行くシーンとなる。革命烈士↓毛沢東↓鄧小平↓習近平という流れが、習近平時代の中国共産党史の「公式解釈」というわけだ。

『紅色気質』の全編を貫くテーマは、「不忘初心」（初心忘れるべからず）である。これは7月1日の中国共産党創建95周年記念式典で習近平総書記が行った長い演説の主題でもあった。

こうした状況を、当の中国共産党員たちはどう捉えているのか。ＳＮＳでこんなメッセージを見た。

〈党の誕生日おめでとう！　私は特に、習近平総書記の厳格な反腐敗闘争に感謝している。おかげで暴飲暴食はめっきりなくなり、今年の健康診断では、脂肪肝がついに消えた。私の健康にここまで気遣ってくれるなんて、偉大なる共産党と、偉大なる習近平総書記に感謝だ〉

7月1日午前10時から人民大会堂の万人礼堂で挙行された共産党創建95周年記念式典では、序列2位のはずの李克強首相が、またもや司会役をやらされていた。

李首相は、２０１５年９月３日に北京で行われた抗日戦争勝利70周年軍事パレードでも、司会役を命じられた。本来なら中央の壇上、習近平総書記の横に鎮座しているはずなのに、いまや「李播音員《ボーインユエン》（李アナウンサー）」のニックネームまで頂戴している。

「請全体起立、唱国歌！」

李首相が式典の冒頭でそう唱えると、揃って共産党の「党色」である紅いネクタイを締めた1万人に上る共産党幹部たちが、一斉に起立して国歌を斉唱した。

続いて李首相が、「今日の大会には、中国共産党中央総書記、国家主席、中央軍事委員会主席である習近平同志が出席しておられますので、お言葉をいただきます」と述べた。

共産党の重要行事に共産党総書記が出席するのは当然であり、かつ壇上中央を見れば、習近平総書記が座っているのは明らかだ。それなのに習主席は、このような仰々しい紹介を李首相に言わせることによって、序列1位と序列2位の間には歴然とした差があることを、党幹部及び一般国民に見せつけているのだろう。

のっしのっしとマイクの前に向かった習近平は、野太い声で強調した。

「過去95年来、中国の発展は、マルクス主義とともにあった。マルクス主義こそは、われわれが立党、立国していく根本的な指導的思想である。これからも堅忍不抜の精神で、マルクス主義を堅持していく。われわれは決して初心を忘れてはならない！」

私はこの式典全編を、中国中央電視台のインターネット生中継で見た。テレビのアナウンサーは、酔ったような声音で伝えていた。

「いま中国全土が、そして世界中が、中国共産党の誕生日を祝っています！　それはひとえに、中国が強大になったからです。引き続き習近平総書記の指導の下で、95歳を迎えた中国共産党が、強国になった中国を牽引していくのです」

党創建記念日の3日前の6月28日には、習近平は党中央政治局会議（トップ25）を招集し、「中国共産党問責条例」を通過させた。これは「党中央」（習総書記）に逆らった党員は、たちどころに問責するという条例だ。実際にはこれまでもそうしていたのだが、翌年秋に第19回共産党大会を控えて、さらに徹底していくという意思表示だった。処分の対象となる「党員」には、下は全国津々浦々の末端党員から、上は共産党序列2位の李克強首相まで含まれる。

この時の中央政治局会議では、習近平政権になってすでに33回目となる「集団学習会」も開いた。テーマは「党内政治生活の浄化」。全党員を習近平総書記の講話や方針に従順にさせ、逆らう党員は厳粛に処分することを徹底させるための学習会だった。

95周年式典が終わってからも、習近平に対する個人崇拝化運動は続いた。例えば、7月3日の中国のトップニュースは、「中国共産党創建95周年の習近平総書記の重要講話が単行本となって発売された」というものだった。人民出版社が編集し、全国の新華書店を通じて、7月2日から発売を始めたという。

いったい誰が買うのかと思うが、習近平講話が単行本化されると、必ず中国のベストセラー1位に輝く。それは、前述のように全国440万の共産党の支部組織が買い占めて、8875万人の全共産党員に配布するからだ。ちなみに全国の書店では、入り口の一番目立つ場所に習近平本を掲げるよう指導されている。

7月3日の2番目のニュースは、「7月1日の習近平講話の真摯な学習を貫徹するように、中国共産党中央弁公庁が、全国の各部署に向けて通達した」というものだった。学習する対象者は、共産党員はもちろんのこと、全国の小学校、中学校、高校、大学まで含まれていた。通達では、「進教材、進課堂、進頭脳」(教材に含め、授業に取り入れ、頭に入れさせよ)と命じている。中国には、小学校から大学まで「政治」の授業があり、大学入試でも必須科目である。その授業の中で、7月1日の習近平講話の偉大性を教えることを義務づけたのだ。

この時、湖北省を中心に、死者186人、行方不明者45人を出す甚大な洪水被害が広がっていたのだが、このニュースは3番目だった。大災害よりも習近平講話の方が大事だというわけだった。

「団派」への宣戦布告

２０１６年8月2日、中国共産党の非公式重要会議「北戴河会議」を1週間後に控えたこの日、習近平総書記率いる党中央は、唐突に「共青団中央改革法案」を発表した。

過去4年間の習近平総書記は、最大の政敵である江沢民派との権力闘争に明け暮れたと言っても過言ではなかった。前述のように、周永康、薄熙来、徐才厚、郭伯雄……と、江沢民派の大物幹部たちを、次々と獄中に叩き込んでいった。90歳を迎えた江沢民元総書記は、すでに上海の病院に入院中で、江沢民派はいまや、「兵《つわもの》どもが夢の跡」だった。

そこで習近平総書記は、満を持してもう一つの巨大派閥である「団派」(胡錦濤派)に「宣戦布告」したのだった。「団派」とは、共産党のエリート養成機関である中国共産主義青年団(共青団)出身者を指し、中国全土に８０００万人以上もいる。

習近平総書記が「団派」に叩きつけた改革案は、共青団中央の機構、幹部の選抜方法、活動内容、共産党・政府との関係の4点を是正していくというものだった。要は、今後は共青団を「習近平傘下」に置くので、従う者はエリートとして選抜するが、従わない者は排除するという「通告」である。団派の面々は、来る「北戴河会議」で旗色を鮮明にするようにというわけだった。団派からは、こんな怨嗟の声が上がった。

「突然の『共青団中央改革法案』には驚いたが、翌日の8月3日に、天津市第二中級人民法院で、胡石根が国家転覆罪で懲役7年6ヵ月の有罪判決を受けたことにも衝撃を受けた。

団派の思惑は、『習近平の10年』は仕方なく我慢するが、2022年の第20回共産党大会で、団派のホープで習近平総書記より10歳若い胡春華《こしゅんか》広東省党委書記をトップに立てて、団派政権を樹立しようというものだ。そのため、習近平総書記が突きつけてきた『共青団中央改革法案』の成否は、ひとえに胡春華書記がどう判断するかにかかっている。

胡石根と胡春華は、1979年北京大学中国文学部入学の同級生で、寮でも同室だった。8歳年上の胡石根が『大胡《ダーフー》』、胡春華が『小胡《シアオフー》』と呼ばれ、小胡が政界に入ったのは、誰よりも尊敬する兄貴分の大胡の影響によるものだった。

その胡石根を国家反逆罪で引っ捕らえ、団派改革計画を発表した翌日に、有罪判決を出した。これが胡春華書記に対する見せしめでなくて、何だというのだ？」

こうした中、8月9日から11日まで、「北戴河会議」が開かれた。

北戴河会議は、毎年8月に河北省北戴河の風光明媚な海岸沿いの別荘地に幹部たちが集まって、重要人事や方針を話し合う共産党の非公式重要会議である。水泳が趣味だった毛沢東が、夏になると、元イギリス人の別荘地を接収した北戴河に来て泳いでいたため、共産党幹部たちがごっそり北戴河へ移動するようになったのが始まりである。

北戴河会議の特徴は、すでに引退した幹部（長老）たちも参加し、彼らにも発言権があることだ。「太子党」と呼ばれる革命元老の子弟グループを代表して最高権力の座に就いた習近平総書記、「団派」を長年束ねてきた胡錦濤前総書記、そしていまなお主要幹部の上に君臨する江沢民元総書記――この3権力者及びその手下たち、それに長老たちが権力闘争の火花を散らす場が、北戴河会議なのである。

2015年8月には、前述のように習近平総書記による「北戴河会議ドタキャン事件」が起こった。だが2016年8月は、最大の政敵である江沢民が上海で入院中のため欠席したこともあって、習近平は例年通り開催した。

会議では団派の面々が、「共青団中央改革法案」と胡石根の一件で、すっかり沈黙してしまった。

代わって勢いを得たのが、「新貴《シングイ》」と呼ばれる習近平派だった。「新貴」たちは、習近平総書記の気持ちを代弁するかのように、次々に発言した。

「わが国には英明な指導者（習近平総書記）がいるのだから、ロシアのプーチン大統領のように半永久的に執権すべきだ」

「わが国には優れた指導者がいるのに、いまから若手の後継者を育てる必要などない」

「わが党が優れた指導者を戴いていることを思えば、常務委員（トップ7）は5人いれば十分ではないか」

このように、「新貴」たちが政治的アドバルーンを飛ばすたびに、長老たちがたしなめたという。また、99歳の最長老、宋平・元党中央組織部長が習近平総書記に、「同じ党員同士なんだから、もういい加減、（江沢民一派を）いじめるのは止めなさい」と忠告したという話も伝わっている。

盟友・王岐山の引退表明

こうした長老サイドからの一定の反発は、習近平総書記にとっても想定の範囲内だったろう。だが北戴河に、想定外の激震が走った。それは、習近平の最大の盟友である王岐山中央紀律検査委員会書記が、今期限りでの引退を表明したことだった。

１９４８年７月生まれの王岐山は、第19回共産党大会が開かれる２０１７年後半には、満69歳になっている。中国共産党には、江沢民政権が１９９７年に定めた「七上八下《チーシャンバーシア》」（党大会の開催時に67歳までは現役を許すが68歳以上は引退する）という「潜規則《チエングイズ》」（不文律）がある。

これに従えば王岐山は、２０１７年後半に引退するわけだ。だが私は、この時の北戴河会議まで、習近平は腹の中で、党章には明記されていないのだから、「潜規則」を無視してでも、王岐山を新首相に据えようとしていたと見ている。同時に、ソリの合わない李克強首相には、首相を続投させない。

それが、王岐山書記本人の方から、引退を表明したのである。王書記の心情について、こう推し量る人もいる。

「王岐山はこの4年間、自分がどれだけ多くの幹部を失脚させてきたか、その恨みを熟知している。だからここで身を引くべきだと決心したのだろう。

もともと中国史が専攻だった王岐山は、自分を張良に見立てているのではないか。張良は、『漢初三傑』と言われた漢王朝成立の最大の功労者の一人だったが、王朝が成立すると、劉邦皇帝の再三の願いを断って隠居した。だが他のほとんどの功労者たちは、論功行賞を求めて、その後粛清されていったのだ」

だが私は、習近平が、そう簡単に王岐山を引退させるとは思わない。第19回共産党大会の主要人事を確定させる2017年8月の北戴河会議まで、強く翻意を促し続け、次期首相ポストに就かせようとするに違いない。

もしそれでも王岐山が2017年後半に引退したら、その時は後期5年の習近平政権の政治リスクが急増することになるだろう。王岐山に代わる政権の重しとなる実力者が見当たらないからだ。それでも習近平総書記は李克強を首相から降ろす可能性が高いが、そうなると若手を首相に抜擢することになり、軽量級政権となる。

大量の紀律検査担当者も腐敗

2017年1月6日から8日まで、党中央紀律検査委員会第7回全体会議が北京で開かれた。党中央紀律検査委員会の王岐山書記が主催し、習近平総書記が重要講話を述べ、「トップ7」以下、中央紀律検査委員123人を含む266人が出席した。

1月8日の中国中央電視台の夜のメインニュース『新聞聯播』では、16分49秒にわたって、この重要ニュースを報じた。テレビカメラが映し出す会議の風景を見ていると、参加した幹部たちは、まるで無理やり宿題をやらされている小学生のような、鬱々とした表情をしている。

この会議では、2016年に全国で41・5万人もの「腐敗分子」(うち省長・局長級幹部76人)を処分したことを誇ったが、同時に驚くべき事実が公表された。それは、2012年11月の第18回中国共産党大会以降、中央紀律検査委員会内部で38人、全国の紀律検査委員会関係者では7200人余りもの処分者を出したというのだ。うち氏名が明らかにされた中央紀律検査委員会の元幹部は、魏健第4紀律検査監察室主任、明玉清第9紀律検査監察室副主任、羅凱第6紀

律検査監察室副局長級紀律検査員、劉建営第11紀律検査監察室副局長級紀律検査員、曹立新法規室副局長級紀律検査員、中英第12紀律検査監察室処長、原屹峰第8紀律検査監察室処長、袁衛華第6紀律検査監察室副処長の計8名である。

取り締まりをする紀律検査委員会の内部から腐っていたわけで、内部の腐敗分子を表す「内鬼《ネイグイ》」という言葉が、たちまち流行語になった。この事実は、野党・有権者・メディアなどの監視者がいない共産党の一党独裁システムに限界があることを、如実に物語っている。

2017年1月22日には、工業情報化部が、「32号通知」を発表した。そこには、こう記されている。

〈中国の電信主管部門の批准を受けていない、勝手に立ち上げた、もしくは借り受けた海外と通じる専用ライン（VPNを含む）の経営活動を、2018年3月31日までに禁止する〉

中国ではそもそも、Google、Facebook、Twitter、YouTube、LINE……などの海外に本拠地があるネットやSNSを、一切禁じている。だが中国の大学や研究機関、国有企業などは、VPNを用いてこの規制をくぐり抜けてきた。それが今後は、すべて不可能になるのだ。

それでも習近平政権は、ますます引き締めの方向に走っている。第7回全体会議では、新たに大掛かりで強力な共産党の紀律検査機関を設置することや、習近平総書記を「核心」とする党中央が、集中的で統一した指導を行っていくことなどを決議したのだ。

２０１６年11月に上海を訪れた時、もともと江沢民元総書記の地盤である上海では反習近平派が多いのだが、こんなため息が漏れていた。

「14億の中国人は、見ての通りスマホを使って、日々生活を進化させている。そんな時に、やれマルクスだ、社会主義だって言っても、国民には別世界の話だ。

21世紀の世の中から一番遅れているのが、中国共産党中央委員会だ。このまま国民との乖離が進めば、党中央は国民から見捨てられてしまうだろう」

たしかに、「習近平思想」と一般国民の生活の乖離は、甚だしいものがある。中国共産党にとっては、国民を締め付けなければ共産党から離れてしまうし、治安維持が保てない。だが、締め付けすぎれば国民の反発が強まるか、ソッポを向かれてしまう。

警官たちが市民を殺害

２０１６年の年末に、象徴的な出来事が首都・北京で起こった。それは、同年5月に起きた「雷洋《レイヤン》事件」に関することだった。

雷洋氏は、湖南省出身の29歳。中国共産党の幹部養成機関でもある中国人民大学の環境学部で学士と修士を取得後、中国循環経済協会に勤務し、結婚して娘が生まれたばかりだった。

5月7日土曜日の夜9時頃、雷洋氏は、北京市昌平区の自宅を出て、竜錦三街の路上を歩いていた。この日の晩は、湖南省から親族が、夜11時頃に北京に到着する予定だったため、北京首都国際空港まで迎えに行ったのだ。

そんな雷洋氏は突如、竜錦三街の路上で警官に呼び止められた。

「お前はたったいま、そこのフットマッサージ店で、違法の買春行為をやっただろう。5000元（約8万5000円）の罰金を払え」

まったく身に覚えのない雷洋氏は、「自分は親族を迎えに行くため、先ほど家を出て空港へ向かうところです」と説明した。だが、地元の東小口派出所の邢永瑞副所長、孔磊、周晶、孫東飛、張英勲の計5人の警官は、雷洋氏を取り囲んで、「直ちにカネを払え！」の一点張り。拒否する雷洋氏に手錠をかけ、パトカーに乗せて路地裏へ連れて行き、5人で殴る蹴るの激しい暴行を加えた。雷洋氏がぐったり動かなくなり、横たわっても、30分も放っておいた。その後、救急車を呼んで中西医結合病院に運んだ時には、雷洋氏は息絶えていた。

深夜の1時になって、警察は雷洋夫人に連絡し、東小口派出所まで来るよう告げた。夫人が1時半頃、派出所へ行くと、警察は、「買春をした雷洋を呼び止めて訊問していたら、突然発作を起こして死んだ」と説明した。夫人が遺体の返還を要求すると、明け方の4時半になって、ようやく遺体に面会させた。遺体には全身に殴打を受けた痕跡が残っていた。

だが、中国中央電視台その他の中国メディアはすべて、警察側の主張だけを一方的に報じた。そのため雷洋氏は、買春したあげく自殺したかのような印象を与えた。

北京の心ある弁護士たちが、弁護団を結成しようと立ち上がったが、当局に解散させられた。また、真実を知る少数の人々が、断片的に事実をネット上にアップしたが、ネット警察によって「秒刪」された。

12月23日、北京市豊台区人民検察院は邢副所長、孔、周、孫、張の計5人の警官を、不起訴処分とした。「軽微な法にしか触れておらず、起訴するにあたらない」というのだ。

この判決に、北京のインテリたちの堪忍袋の緒が切れた。例えば、独立系の映画監督の濤勇平氏の発言である。

この時35歳の濤勇平氏は、北京大学法学部を卒業後、2013年に計8話からなるドキュメンタリー番組『百年憲政』を制作したが、国家新聞出版広電総局の検閲に引っかかり、放映禁止処分を受けた。そればかりか、放映禁止処分を受けた『百年憲政』の予告編をネット上で流したとして、2014年4月に拘束され、1年の実刑判決を受けた。

その濤勇平氏が2016年12月24日、自身の「微博」（ミニブログ）に、「雷洋は結局、犬死にした」というタイトルの文章をアップしたのだ。

〈警察官が雷洋の膝を叩き割り、四肢を圧迫し、顔を殴りつけ、手錠で拘束し、首を足蹴りにし、無理やり車に乗せ、救急搬送をせず、人を弄んで死に至らしめ、事実を捏造し、真相を隠蔽し、テレビで買春の汚名を着せ、弁護士の調査を妨害した。これだけの罪を犯していながら、「軽微につき不起訴」なのだ。実際は、罪に罪を重ねているではないか！

この国は一体どんな国なんだ。警官が市民を撲殺したというのに、何ともないだと？　もしも法治国家なら、こうした犯罪は重罪に処するのではないか？　もしも民主国家なら、市民を撲殺した警官が懲罰を受けなかったら、市民は納得しないのではないか？

不起訴処分が出た翌日、雷洋氏の母校である中国人民大学のOB・OG会有志も立ち上がった。北京市豊台区人民検察院に対して、公開書簡を提出し、ネット上で公開したのだ。これもたちまち「秒删」されたが、以下がその要旨である。

〈北京市豊台区人民検察院：貴院は雷洋の死亡案件を、社会に公布した際、犯罪容疑者たちの不起訴処分を決定した。党と全国人民に司法の公正を公布する答案としては、まことに納得のいかないものだ！

われわれは、雷洋の家族も、貴院のこの決定に納得がいっていないものと確信する！

貴院のこの決定について、われわれは以下の意見を提出する。どうか貴院の上部の検察院と党の政法幹部機関に反映させてもらいたい。

一・貴院は職権乱用罪と職務怠慢罪は起訴条件にあたらないとしているが、法律の不当適用である！

二．貴院は警官たちの重大な行為を無視しているが、本当に法に基づいて処理しているのか！

三．法治国家と司法の公正の第一条件は、法を論じる正しさと、真の法を論じることにある。法を論じる不正と、偽の法を論じることではない。貴院は法治国家を司法の公正の公信力を抹殺するという〝自殺行為〟を犯している。

四．法治国家建設は、習近平主席と党中央の国家統治の根本的な方針である。それに対して貴院は、重大な障害となっている！

判決をすぐに修正してほしい。回答を待つ！

中国人民大学ＯＢ・ＯＧ会有志　２０１６年12月24日〉

共産党幹部の養成機関からもこれほどの突き上げを喰らった習近平政権は、どう対処したか。雷洋氏の一家５人に、密かに多額の「賠償金」を渡すことで、事件を収拾させたのである。その額は１２００万元（約2億円）とも４０００万元（約6億８０００万円）とも囁かれる。

中国の旧態依然とした統治システムは、一見強固なように見えても、このように「危うさ」を秘めていることがわかる。

ともあれ私たちは、日本とはまったく異なる中国の統治システムについて、もっと識《し》る必要がある。その上で、「紅い巨竜」を日本の発展にどう活用していくかを考えていくべきである。

第3章　混迷深まる中国経済

底に来ることに成功する？

「中国経済は、悪いなんてものじゃない。特別、特別よくない。『北上広深』（北京・上海・広州・深圳）の一線都市は何とか持っているが、地方がガタガタだ。

2015年に中国政府は、経済はV字回復すると言っていた。それが2016年に入って、『L字型』（悪いまま）だと言い出した。さらに2016年後半になったら、『h字型』（少し回復するがまた落ちる）という言葉が入ってきた。トランプ時代の2017年は、中国からアメリカへの資金流出が止まらず、『I字型』（底抜け）ではないかと囁かれ始めている」

ある中国の経済人は、中国経済の見通しに対する悲観的な言葉を吐露する。

中国共産党中央機関紙『人民日報』（8月15日付）の経済予測記事をヤリ玉に挙げていた。

「この記事のタイトルは、『経済はかなりの確率で、1年から2年のうちに底に来ることに成功するだろう』（経済有很大可能在一両年内成功触底）だ。『1〜2年で回復に成功する』ではなくて、『底に来ることに成功する』と言っているのだ。どうしても『成功する』というタイトルをつけたかったのだろうが、いまの中国経済の苦しさを如実に物語っている」

2017年は、後半に第19回中国共産党大会を控えているというのに、中国経済がV字回復する兆しは見られない。私は２０１６年、北京を４回、上海を１回、それに山東省を１週間回ったが、どこを訪れても、「不景気の状態がすっかり定着した」という感じだ。それでも庶民は、耐えながら必死に生きている。「もがいている」という表現が適切かもしれない。

治安維持と開放のバランス

２０１６年11月、「上海ガニ発祥の店」として知られる上海の老舗『王宝和酒店』で、地元の銀行幹部と会食した。彼はしみじみと語った。

「中国人はね、この上海ガニのようなものなんだよ。上海ガニは、どんな泥水の中だろうが、生き延びていける生命力を持っている。環境が悪い時は、ジッと岩にしがみついている。でも、目だけは常にギョロギョロさせて、注意を怠らない。そして、いったんチャンス到来と見たら、一気呵成に飛び出すのさ」

長く世界経済を牽引してきた中国経済は、なぜ悪化していったのか。そしてなぜ回復できないのか。中国で経済学者や経済人たちに話を聞くと、誰もが判で押したように同じことを言う。

「２００８年秋のリーマン・ショックを受けて、中国政府は４兆元（当時のレートで約58兆円）

の緊急財政支出を行った。それによって、生産過剰と在庫過剰の問題を抱えてしまった。

折しも、アメリカはリーマン・ショックの後遺症で、EUはギリシャ破綻に伴うユーロ危機で、日本は『失われた20年』で、それぞれ景気が回復せず、それまで先進国への輸出に頼ってきた経済成長が鈍化してしまった。これら一連の問題があまりに深刻だったため、いまだに不況のトンネルから抜け出せないのだ」

表面的には、たしかにそうだろう。だが私に言わせると、中国経済がいつまで経っても回復できない根本的な原因は、次の2点である。

第一に、「社会主義市場経済」という中国の社会システム自体の矛盾が、もはや抜き差しならないところまで来ていて、各所で炸裂していることである。第二に、「マルクスは知っていてもケインズは知らない」と揶揄される習近平主席が、「現代の毛沢東」となって、「マルクス主義経済学」と呼ばれる社会主義的史観に立って経済を運営しているからである。

こうした現状について述べる前に、まずは簡単に現代中国の経済史をおさらいしておこう。

1949年に「初代皇帝」の毛沢東が建国したいまの共産党政権は、建国以来、ソ連式の社会主義計画経済を堅持してきた。1976年に毛沢東が死去すると、「2代目皇帝」となった鄧小平は、1978年末から改革開放政策を始めた。農家に一部農作物の自由耕作を認めたり、五つの都市に経済特区を設けて外資を導入したりした。

ところが、1989年に学生たちが蜂起した民主化デモ「天安門事件」が起こり、共産党政権が転覆する一歩手前まで行った。国外では社会主義の本家であるソ連を始め、東欧諸国が総崩れとなった。そこで鄧小平は、政治は引き締めながらも、国民に「金儲けに走る自由」を与えた。中国共産党内部で再び保守派が勢力を増すと、1992年に「改革開放を加速せよ！」と号令して（南巡講話）、経済分野での思い切った改革開放路線に舵を切ったのだった。

同年10月の第14回共産党大会で、「社会主義市場経済」という方針を定めた。翌1993年3月には憲法を改正し、第15条で「国家は社会主義市場経済を実行する」と明記した。

これは、政治は社会主義を堅持するが、経済は市場経済に変えていくという、それまで世界のどの国も経験したことがない（いまはベトナムが真似している）試みだった。本来なら、政治が社会主義なら経済は計画経済で、経済が市場経済なら政治は資本主義のはずである。それを鄧小平は、互いの「いいとこ取り」を目指したのだ。「社会主義市場経済」は、冷戦の終結によって社会主義の友好国が次々に崩壊していく中で、中国の共産党政権が生き残りのために取った苦肉の策だった。

1992年時点では、中国は日本の8分の1程度の経済規模しかないアジアの貧国だったので、このような矛盾に満ちた制度でも支障はなかった。むしろ、アジアの多くの国々が20世紀後半に経験してきた「開発独裁」（独裁政治によって経済を開発し発展させる制度）によって、多くの中国国民が一斉に金儲けに走るようになり、中国は驚異的な経済成長を遂げたのだった。

鄧小平時代以降の中国は、現在に至るまで、突き詰めると、「維穏《ウェイウエン》」（治安維持）と「開《カイ》放《ファン》」という二つのことしかやっていない。この両者は互いに反対方向にベクトルを向けて、引っ張り合っている。そして、この両者が綱引きをする緊張した綱の上に、13億8270万人（2016年12月時点）の中国人が乗っかっているのが、現在の中国の姿である。

江沢民時代（1989～2002年）と胡錦濤時代（2002～2012年）は、この「綱引き」をバランスよく行うことによって、長期にわたる高度経済成長を実現させてきた。すなわち、互いに信頼し合うナンバー1の共産党総書記（国家主席）と、ナンバー2の国務院総理（首相）が、互いに役割分担を果たすことで、バランスを保ってきたのだ。

具体的に言えば、江沢民時代には江沢民総書記が維穏＝政治分野＝社会主義を担当し、朱鎔基首相が開放＝経済分野＝市場経済を担当した。同様に胡錦濤時代には、胡錦濤総書記が前者を担当し、温家宝首相が後者を担当した。

経済オンチのナンバー1

ところが、2013年3月に正式に発足した習近平総書記と李克強首相の新政権は、それまで5年以上にわたって最大のライバル関係にあった両者が、互いに妥協を強いられた結果として誕生した「政略結婚政権」だった。そのため、ナンバー1とナンバー2の間に信頼関係はなく、むしろ互いに疑心暗鬼になっていた。

結果として習近平総書記は、「維穏」（政治）ばかりでなく、「開放」（経済）の役割も李克強首相から取り上げて、自分が独占した。その結果、それまで緊張していた綱は緩み、中国経済は混乱に陥ってしまったのである。

そもそも習近平という政治家は、経済オンチである。歴代の指導者の中では、大躍進と文化大革命によって中国経済を2度にわたって崩壊させた毛沢東に比肩できるほどの経済オンチなのである。

習近平は、14歳から21歳までの最も多感な時期を、文化大革命の影響で、陝西省の貧村で労働者として過ごした。そしてその間は、『毛沢東語録』と共産党中央機関紙『人民日報』しか読んでいない。その後、北京へ戻って、かつて副首相をしていた父親・習仲勲のコネで、名門の清華大学に入学したが、入ったのは有機化学学科だった。

大学卒業後、耿飈《こうひょう》国防相の秘書や河北省勤務を経て、福建省に17年、浙江省に5年、上海市に1年弱、幹部として勤務したが、目立った経済実績を残していない。

一方で李克強首相は、安徽省の農民出身で、艱難辛苦の末に自力で北京大学法学部に入学を果たし、北京大学で経済学博士号まで取った秀才だ。改革開放によって大学進学の道を開いてくれた鄧小平をこよなく尊敬していて、「自分は習近平よりも経済運営をうまくやれる」という自負がある。それなのに、「上司」の習近平総書記に権限を剝奪され、身動きが取れないという思いが強いのである。

そんな中で、社会主義と市場経済の矛盾から来る軋轢が、もはや抜き差しならないところまで来てしまっている。

前述のように、そもそも社会主義と市場経済は、互いに相矛盾する概念である。それでも「呉越同舟」できたのは、21世紀初頭までの中国経済が、小規模な存在だったからだ。

ところが中国は、2010年にGDPで日本を追い越して、アメリカに次ぐ世界第2の経済大国に成長した。いまや中国のGDPは、日本の3倍に達しようとしていて、2020年代前半には、アメリカを追い越して世界一になる見込みだ。ここまで中国経済が巨大化した結果、社会主義制度との間に、無数の軋轢が生じているのである。

この社会主義と市場経済の軋轢をどう解決するかという問題は、習近平政権に課せられた最大の難題と言っても過言ではない。とりわけ、この矛盾する両者の軋轢が火花を炸裂させているのが、国有企業である。

中国では基幹産業のほぼすべてを、約800社（2017年2月現在、中央直轄102社、省級約

700社）の国有企業が独占していて、この800社で中国の富の約6割を握っている。ところが地方自治体や、やはり国有企業である銀行が、国有企業に乱脈融資した結果、習近平政権が発足した2013年の時点で、国有企業を中心とした国家の負債額が、GDPの2倍以上に膨れ上がってしまっていた。習近平政権は発足当初から、国有企業改革が「待ったなし」の状況だったのである。

習近平政権の正式出帆からちょうど半年が過ぎた2013年9月、私は李克強首相の経済ブレーンとして知られる李稲葵・清華大学「中国・世界経済研究センター」所長に話を聞いた。その中で、国有企業改革について、李稲葵所長は明快に述べた。

「李克強首相が進める『リコノミクス』（アベノミクスにちなんで命名された）の『本丸』は、国有企業改革だ。われわれは今後、国有企業改革を、『三歩走《サンブゾウ》』（三つのステップ）で進めていく。

第一段階は、国有企業の市場化だ。市場に合わない、いわゆる親方日の丸的な制度は、すべて削ぎ落としていく。第二段階は、市場の多元化だ。中国の市場は、国有企業、民営企業、それに外資系企業などを、すべて平等に扱うようにし、競争の原理を働かせるのだ。

そして第三段階が、国有企業の民営化だ。民間にできることは、どんどん民間に権限を委譲し、政府機能を縮小して市場を活性化させていく。今後この『三歩走』に取り組んで、国有企業を次々に民営化させていけば、中国経済は持続的な発展ができる」

この時、李稲葵所長は、「新政権では、習近平総書記が政治を担当し、李克強首相が経済を担当するという『役割分担』ができているので、国有企業改革は順調に進んでいくはずだ」と自信を持っていた。

それから2ヵ月後に、2018年3月までの習近平政権の政策方針を定める「3中全会」（中国共産党第18期中央委員会第3回全体会議）が開かれた。だが、最終日に採択された5000字余りの「公報」（コミュニケ）は、李克強派（急進改革グループ）の「熱い理想」とは、ほど遠い内容だった。そこには国有企業に関して、次のように記されていた。

〈揺らぐことのない公有制経済の発展を強固なものとし、公有制の主体的地位を堅持し、国有経済の主導的な作用を発揮し、国有経済の活力、コントロール能力、影響力を不断に増強させていく〉

国有企業の民営化どころか、逆に強化と受け取れる宣言をしたのである。この「公報」が出た翌12月に北京で会った、改革派のある経済人は、憤りを隠さなかった。

「習近平総書記は、われわれとはまったく別の角度から、国有企業改革を捉えているのだ。すなわち、これまで長く江沢民一派が牛耳っていた国有企業利権を引っ剝がして、自己の利権に組み替えようということだ。『3中全会』で権力固めをした習近平総書記は早速、12月初頭に、石油利権を握っていた江沢民派の大物、周永康前常務委員を引っ捕らえた。

そもそも習近平総書記は、『小さな政府』を目指す李克強首相を、『公報』の起草委員会から除外していたのだ。習近平総書記は国有企業の民営化など、ハナからヤル気がない。なぜなら国有企業の民営化は、自らの利権を手放すことを意味するからだ」

李克強以下、急進改革グループは敗北したのだった。以後、「中南海」（最高幹部の職住地）では、「『南院』（習近平総書記が執務する党中央弁公庁）が頭脳で『北院』（李克強首相が執務する国務院弁公庁）が手足」と言われるようになった。すなわち「党高政低」である。

「新常態」という方便

2014年に入ると、中国経済の減速が顕著になっていった。そんな中、習近平が頼りにしたのは、マクロ経済学者の劉鶴《りゅうかく》・党中央財経指導小グループ弁公室主任兼国家発展改革委員会副主任だった。

劉鶴主任は、習近平時代の経済分野における最大のキーパーソンである。一説によると習近平総書記が、2001年に母校の清華大学に提出した博士論文『中国農村市場化研究』のゴーストライターをやったのも、劉鶴主任だという。

劉鶴主任は、習より1歳年上の1952年北京生まれで、習とは「北京101中学」の同級生だった。中国人民大学で学位と修士号を取り、米ハーバード大学などに留学。帰国後は国家計画委員会（現在の国家発展改革委員会）に勤務した。

その後、目立った活躍はしておらず、江沢民時代と胡錦濤時代には、陽の当たらない傍流を歩んでいた。それが２０１３年３月、習近平政権の発足に伴って、党中央財経指導小グループ弁公室主任兼国家発展改革委員会副主任に抜擢されたのだった。「一帯一路」（シルクロード経済ベルトと21世紀海上シルクロード）やＡＩＩＢ（アジアインフラ投資銀行）、それに後述する「新常態」（ニュー・ノーマル）や「供給側構造性改革」など、習近平政権が打ち出した経済方針は、ことごとく劉鶴主任サイドから習近平に献策されたものだということは、「中南海の常識」になっている。

劉鶴の権勢を物語るエピソードには、事欠かない。例えば、２年に一度行われる「中国のノーベル経済学賞」こと孫冶方経済学賞の発表が、２０１５年11月にあった。受賞者は、他でもない劉鶴主任だったのである。前出の経済人は、次のように解説した。

「授賞の対象になった劉主任の２０１３年２月の著作『２度の世界的大危機の比較研究』は、１９２９年と２００８年の金融危機を比較したものだが、いわば劉鶴に箔をつけさせるために出版した本だった。だが、中国を代表する29人の経済学者たちが、全会一致で劉主任を受賞者に決めた。彼らは、劉主任に国内最高の栄誉を与えることで、揃って習近平政権に恭順の意を示したのだ」

劉鶴はほどなく、習近平主席がオバマ大統領、プーチン大統領らと会談する際にも、陪席するようになった。

そんな劉鶴は2014年春、習近平に「新常態」という献策をした。つまり、中国経済は悪化しているのではなくて、「新たな正常な状態」へと移行しつつあるのだという理論を与えたのである。これは、習近平政権が抱える経済失速を正当化する方便とも言えた。

習近平は同年5月に河南省を視察した際、初めて「新常態」というキーワードを用いた。そこで反応がよかったことから、同年8月に開かれた中国共産党の非公式重要会議「北戴河会議」で、幹部たちを前に「新常態」を説いた。その中で次のように述べている。

「新常態の状況下においては、経済は高速成長から中高速成長へと変化していくが、発展の質は、一段階アップする。資本や土地などの供給は下降するが、環境は強化される。効率のよいサービス業が活発化し、産業構造が変わっていく。

また物価の上昇に伴い、貯蓄率が下降し、輸出と投資の伸びが緩慢になるが、消費が飛躍的に伸びていく。都市化が進むことによって産業が転換し、都市と農村の結びつきが活発化していく。収入の不平等問題も不断に改善されていく。

こうしたことが、新常態の特徴なのだ。今後われわれは、積極的に経済の新常態に適応していかねばならない」

つまり、習近平時代の中国経済の成長は、高速度から中高速度へ、製造業中心からサービス業中心へ、そして量の重視から質の重視へと移行していく。これは先進国が一様に経験してきた過程であり、ごく自然な経済発展の「新常態」なのだというわけだった。

実際、2014年秋からは株式バブルを煽って、「新常態」のもとでも経済が持続的に発展していくことを、国民に体感させようとしたのだった。

国有企業焼け太り改革案

だが、翌2015年の中国経済は、天安門事件によって一時的に無政府状態に陥った1989年頃以降で、最悪の年となった。前半こそ何とか持ったものの、同年6月に株式バブルが崩壊し、わずか3週間で上海総合指数は34％も下落した。これによって、全国で7000万人以上の「股民」(個人投資家)が、平均で約800万円も損したと、新華社通信は報じた。7000万人掛ける800万円で、損失額は560兆円に上る。

これに、国有企業を中心とする企業の負債や、16兆元に上る地方政府の負債も含めれば、負債・損失総額は邦貨にして1100兆円に上ったと推定される。詳しくは、拙著『中国経済

「１１００兆円破綻」の衝撃』（講談社＋α新書）で記した通りだ。

ここまで中国経済が落ち込むと、中国国民は「新常態」に対して、疑心暗鬼になった。「新常態」に対する疑念は、すなわち習近平政権に対する疑念である。

民心が離反すると、中国は不安定になっていく。それは「維穏」（治安維持）を最優先する習近平政権が、何より恐れることだった。

そこで、江沢民派の大番頭・周永康前常務委員に無期懲役刑を科して２ヵ月余りを経た２０１５年8月24日、習近平総書記は国有企業改革に関する指針を定めた。この日、「中国共産党中央委員会と国務院の国有企業改革を深化させるための指導意見」（以下、「指導意見」）と題した長文の通達を、共産党及び政府として決定したのである。

「指導意見」はその後、正式に「２０１５年22号通知」となり、同年9月14日に、国務院国有資産監督管理委員会の張喜武副主任が記者会見を行って発表した。張副主任はその席で、「習近平総書記の指導を受けて決定した」と繰り返し述べたのだった。

私はこの「指導意見」の全文を読んで、唖然としてしまった。「指導意見」は30項目に及ぶが、まずは今後行う国有企業改革の目的について、こう記している。

〈中国の偉大なる社会主義の御旗を高く掲げ、党の国有企業への指導を強化、進化させ、強大で優秀な国有企業を作り、中華民族の偉大なる復興という中国の夢の実現に、積極的に貢献す

ることを目的とする〉

そして、「揺るがない公有制経済、社会主義市場経済、監督管理強化、党の指導などを基本原則とする」としている。

具体的手続きとしては、「国有企業を分類し、優秀で強大な国有企業に集中させ、淘汰していく」という。さらに、「２０２０年までに改革を終える」として、5年間で一気呵成に進めていく決意を述べている。最後の第30項目では、再び「党の指導強化」を強調している。

前述のように、李克強首相ら改革派が目指したのは、国有企業の市場化↓多元化↓民営化という「三歩走」だった。日本も１９８０年代に、国鉄や電電公社などを民営化したが、国有企業の民営化は、中国の持続した経済発展に欠かせない道だ。

ところが「指導意見」によると、国有企業改革は「両歩走《リャンブゾウ》」（二つのステップ）で進んでいくという。

一歩目は、同業種間の国有企業の合併や再編などによる淘汰である。

例えば、国有の鉄道車両メーカーである中国北車と中国南車は、海外で鉄道車両の入札を積極的に行っていたが、互いにライバルとなって、入札価格を引き上げていた。こうした無駄をなくすため、２０１４年12月に両社を合併させて、中国中車とした。この業界で日本最大手の日立の約8倍ものシェアを持つ世界最大の巨大国有企業を誕生させたのである。今後は、こうした同業種の国有企業同士の合併と再編を、各業界で行っていくとしたのだ。

これは国有企業の焼け太りであり、市場の多元化とは反対の寡占化だった。それでは民営企業はどうするかといえば、こうした巨大国有企業の傘下で、それらの子会社と合弁企業を作るなり、あるいは独立したままで、国有企業から仕事を請け負えばよいとされたのだった。

また、外資系企業はどうするのかというと、中国の民営企業に準じるという。中国がTPPのような、高度な多国間自由貿易の枠組みに入れない最大の理由が、こうした巨大な国有企業が中国市場に立ちはだかっているからなのである。

続いて国有企業改革の二歩目は、これら巨大化した国有企業に対する共産党中央委員会（習近平総書記）の管理を強化するというものだった。つまり、習近平がすべての国有企業利権（人事権や経営方針など）を手中に収める仕組みを作り上げたのである。ある中国人が解説する。

「習近平総書記は、国家主席に就任した2013年3月、真っ先にモスクワを訪問し、自分が目標とするプーチン大統領に、権力一極支配体制の極意を訊ねた。するとプーチン大統領は、軍とエネルギー産業を一手に握ることだと指南した。

そこで習近平総書記は、人民解放軍と国有企業を掌握することを、政権1期目（2013年3月～2018年3月）の目標に据えた。そして国有企業を淘汰して江沢民派の利権を引き剝がし、さらにそれらを肥大化させて束ね、すべて自分の懐に持って来ようと目論んだのだ」

この「指導意見」が発表されると、すぐさま市場が反応した。2015年9月14日の市場は失望感に覆われ、上海総合指数は前営業日に較べて2・67％も安い3114ポイントまで急落したのだった。

だが、こうした市場の反応を無視するかのように、新華社通信は同年9月19日、「私有化反対を旗色鮮明にしなければならない」と題した論評を発表した。

〈習近平総書記はこれまで何度も、国有企業の強大化と優良化を強調してきた。国有企業は国有経済の核心であり、支柱である。国有企業がなければ、国有経済はなく、これまでの経済成長の重大な成果もなく、中国の特色ある社会主義制度もなく、国民の共同の富もない。

そのため、国有企業改革とは、国有企業をなくすことではなく、その主体的な地位をさらに向上させることなのだ。われわれはそのことを自覚し、国有企業の各種私有化への反対を、旗色鮮明にしなければならない〉

この頃から、北京の街のあちこちで「有国才有家《ヨウグオツァイヨウジア》」（国があるからこそ家がある）と書かれた巨大な看板を見かけるようになった。「国進民退《グオジンミントゥイ》」（国が栄えて民が衰える）という言葉も流行語になったが、こちらは党中央宣伝部の怒りを買って、ネット上から削除された。

証券市場機能せず

結局、２０１５年の中国経済は最悪だった。そこで習近平政権は２０１５年末、再び新たな経済改革のアドバルーンを揚げた。

２０１６年は、第13次５ヵ年計画の初年度にあたった。この時、劉鶴主任ら経済ブレーンが習近平に献策したのが、「供給側構造性改革」だった。何やら難しい言葉だが、「供給側構造性改革」は、２０１６年以降の中国の経済改革を表すキーワードとなっている。

中国の過去30年余りの高度経済成長は、輸出・投資・消費という「３頭馬車」が牽引してきた。これは主に、需要サイドを喚起する経済成長モデルだった。

だが、いまや輸出・投資・消費はいずれも牽引役を果たせず、中国経済は失速している。そこで今後は、供給サイドを喚起する経済改革モデルに変えていくとしたのだ。

具体的には、「三つの除去と一つの下降と一つの補填」（三去一降一補）と呼ぶ五つの改革を行うと定めた。すなわち、生産過剰の除去、在庫過剰の除去、金融リスクの除去、生産コストの軽減、貧困層への補填である。

こうして２０１６年が明けたが、経済状況と先行きの期待感を如実に反映する証券市場は、出足から躓《つまず》いた。

私は、この年の年末年始を北京で過ごしたが、元日の北京の地元紙『新京報』は、2015年の株の大暴落など忘れたかのように、「2015年の上海総合指数は、年始の3258ポイントから年末の3539ポイントへと、9・4%も上昇した」と喧伝していた。私の周囲の中国人の大半が、「涙の2015年」だったことを思えば、まさにイギリスの作家ジョージ・オーウェルが描いた『1984』の世界を髣髴《ほうふつ》させる「虚飾報道」と言えた。

上海証券取引所は、2016年の大発会にあたる1月4日、サーキット・ブレーカー(熔《ロン》断《ドゥアン》)という新たな制度を、鳴り物入りで始めた。

これは、上海総合指数が前日比で5%上下したら、市場の熱を冷ますために15分間ストップする。それでも再開後に7%まで上下したら、その日の取引を全面的にストップするという制度だ。株価の底が抜けて大暴落すれば、再び「股民」たちの怒りを買って社会が混乱すると危惧したのだ。「サーキット・ブレーカーというセーフティネットの導入によって、市場の安定が保たれる」と説明された。

ところが初日から、株価は暴落し、1月4日午後1時12分に、早くも初のサーキット・ブレーカーが下りた。1時27分に取引は再開されたが、わずか6分後の1時33分に市場は閉鎖された。中国で人気があるニュースメディア「騰訊網《テンセント・ネット》」は、「初日の株価は6・85%下落して上海総合指数は3296ポイントとなり、わずか1日で4兆元（約70兆円）近くが消失した」と報じた。

続いて1月7日、朝の市場が開いてわずか12分後の9時42分に、再びサーキット・ブレーカーが下りた。そして15分後に再開されて、1分も経たないうちに下落幅が7・21％に達し、市場は閉鎖されたのだった。私のある北京の知人は、ため息を漏らして告白した。

「車で出勤中、長安街の大渋滞に巻き込まれた。その間、車中のラジオで暴落を知り、生きた心地がしなかった。ようやく会社に着いて、急いでパソコンを開けたら、すでに市場は閉鎖されていた。たった20分朝寝坊したために、車1台分損してしまった！」

サーキット・ブレーカーという制度は、中国においては明らかに欠陥制度だった。中国市場では、株式全体の約8割を「股民」（個人投資家）が保有しているため、相場がいったん落ちだすと、誰もが一斉に売りに走るからである。その結果、頻繁に市場が閉鎖されることになり、中国市場自体の信用度がなくなってしまうのだ。

結局、1月7日の晩、証券監督管理委員会と上海証券取引所は連名で、「サーキット・ブレーカー制度を中止する」と発表した。この時ばかりは、日頃はお上を持ち上げてばかりいる中国メディアも、「研究10年、実行4日」などと皮肉ったのだった。

だが、サーキット・ブレーカーをやめたからといって、株価の暴落が止まるわけではなかった。結局、２０１６年の最初のひと月で、上海総合指数は、３５３９ポイントから２７３７ポイントへと、23％も下落したのだった。「危険水域」とされた３０００ポイントも、あっさり割ってしまった。

国家統計局長亡命未遂事件

そんな中、２０１６年1月19日に、世界が注視する中国国家統計局の記者会見が行われた。内外の数百人の記者団を前に、壇上の中央に座った王保安局長が胸を張って、「内外の下振れ圧力にもかかわらず、２０１５年の中国のＧＤＰは６・９％増大した」と発表したのだった。

王保安局長は、いかに中国経済が持続した安定成長を続けているかを、統計を使って縷々説明した。だがその後、質疑応答に入ると、英字紙『チャイナ・デイリー』の若い記者が挙手して、歯に衣着せぬ質問を浴びせた。

「この1年間というもの、多くのメディアや研究機関が、中国政府が公式発表するＧＤＰ成長の真実性について、疑問を投げかけてきた。中には、『中国の本当の経済成長率は５％以下だ』と暴露するものもあった。こうした多くの疑念に対して、国家統計局はどう答えるのか？」

中国では珍しい「爆弾質問」だった。王保安局長の顔に、思わず緊張感が走った。

「私も外の人たちが勝手に邪推しているのは見聞するが、それらの評論には２種類あるのをご存知か？　一つは、いまあなたが指摘したように、国家統計局は経済統計を水増ししているというものだ。だがもう一方は、中国の経済成長があまりに目覚ましいので、国家統計局が実際のＧＤＰ成長よりも控えめに発表しているというものなのだ」

今度は記者たちの顔が、唖然とした表情に変わったのだった。

その日、北京では次のようなアネクドートが広まった。

〈私たち中国人は、何と幸せなのだろう。今後、中国経済がますます悪化していき、財政部や国家発展改革委員会、それに中国人民銀行までもがサジを投げたとしても、最後には国家統計局がついているのだから〉

国家統計局の話には、続きがある。この会見の２日後の１月21日、スイスのダボスで開催中だった世界経済フォーラムの年次総会（ダボス会議）で、ブルームバーグのインタビューに応じた投資家のジョージ・ソロス氏が、こう言い放った。

「中国経済は、ハードランディングに向かっている。グローバルなデフレ圧力を悪化させる急落だ。それが世界の株価を引き下げ、アメリカ国債を引き上げる。もはや中国のハードランディングは、現実問題として避けられない」

この不気味な「予言」が世界を駆け巡ったことで、中国経済に対する先行き不安感が、一気に広がった。そこで、このソロス発言を打ち消すため、1月26日の午後3時から、王保安局長が再度、異例の記者会見を開いたのである。

「中国経済のプライオリティと、V字回復の勢いは、まったく変わっていない。ソロスの言う、たわ言のような中国経済の予測は、起こりようもない。中国の株価が多少下がったからといって、それが経済全体に与える影響など微々たるものだ。中国経済も株式市場も、今後とも自信を持って進んでいく」

だが王局長の「防戦」も虚しく、この日の上海市場は6・4％、深圳市場は6・9％も下落したのだった。市場は王保安局長の美辞麗句よりも、ソロス氏の予言を信じたのである。

ところで、この記者会見が終わってからわずか3時間後の午後6時40分、中央紀律検査委員会が、驚愕する通知をホームページにアップした。

〈国家統計局党組織書記、局長の王保安が、重大な紀律・法律違反の嫌疑で現在、組織的な調査を受けている〉

わずか3時間ほど前に、世界に向かって中国経済の安定性をアピールしていた大臣を引っ捕らえたというのだ。いったい何が起こったのか？　後に判明したのは、次のような事実だった。

「この日、記者会見を終えた王局長は、夜7時半から『国家統計局活動会議』を開くと、国家統計局の幹部全員に通知していた。李克強首相の新たな講話を学習するためということだった。幹部たちは、『なぜ夜に会議なんか開くのか』と訝りながらも、待機していた。

だがその実、王局長は局長車の運転手に、『記者会見が終わり次第、北京首都国際空港に向かうように』と指示していた。王局長は、同日夜7時発のパリ行きエールフランス便と、夜9時発のフランクフルト行きルフトハンザ便のファーストクラスを、それぞれ2枚ずつ予約していた。王局長は、何と若い愛人と二人で、ヨーロッパに亡命するつもりでいたのだ。

記者会見を終えた王局長は、控え室に置いてあったカバンとコートを取って、局長車が待機する駐車場へ向かおうとした。その時、中央紀律検査委員会の副書記と助手、それに二人の特警（特殊警察）が控え室に飛び込み、王局長を引っ捕らえた。

王局長のカバンからは、『黄国安』『丁毅』という偽名の偽造公用パスポート2枚が見つかった。愛人は、空港の貴賓室で捕らえられた。王局長は、古巣の財政部時代に数億元を不正蓄財し、それらをアメリカとヨーロッパの隠し口座に隠匿していた」

このような無様な大臣が、「中国の経済成長は6・9％」と胸を張って発表していたのだ。

その後、こんな話が流布した。

「そもそも王保安を局長に推薦したのは李克強首相だったため、李首相はこの件でも、習近平主席に対して面目を失った。李克強首相は、自分と同じ安徽省出身で気心の知れた寧吉喆《ニンジージャ》・国家発展改革委員会副主任を、後釜として習主席に推薦した。習主席と劉鶴主任にしてみれば、国家発展改革委員会から李克強派を減らしたいところだったから、この人事を了承した」

2月26日に就任した寧吉喆局長は、4月19日に初めて「中国政府ネット」に登場し、録画ビデオで、2016年第1四半期（1〜3月）の経済統計について解説した。そのビデオを見ると、低迷する中国経済への処方箋について、独特の「野菜の価格論」を展開していた。

「野菜を買う消費者は、『この頃は野菜の価格が上昇して生活が大変だ』と言う。一方、野菜を作る農家は、『この頃は野菜の価格が下落して生活が大変だ』と言う。政府としては、どちらの声にも耳を傾けながら努力していかねばならないのだ」

この「野菜の価格論」は図らずも、習近平政権の経済政策を象徴していた。実際には、一貫した指針などあったものではなく、まるで風見鶏のように、その時々に応じてあっちへ揺れたりこっちへ揺れたりしているのだ。

鉄鋼不振に揺れる東北三省

2016年3月5日から16日まで開かれた全国人民代表大会（国会）で、習近平主席と劉鶴主任が主導する「供給側構造性改革」が、正式に承認された。ここから、五つの改革が同時にスタートしたが、何と言っても改革の1丁目1番地は、生産過剰の除去、とりわけ最も深刻な鉄鋼業界の国有企業改革だった。

前述のように、２００８年９月にリーマン・ショックが起き、世界的な金融危機への対応を話し合うため、同年11月にＧ20（主要国・地域）サミットが、初めてワシントンで開かれた。この時、当時の胡錦濤主席は４兆元（当時のレートで約58兆円）の緊急財政支出を宣言。それによって２００９年以降、世界的な金融危機は、中国が主導する形で回避されたのだった。

その際、４兆元の多くが、高速鉄道や高速道路の敷設を始めとするインフラ整備に使われた。その時の鉄鋼などの過剰生産のツケが、習近平政権に重くのしかかっていたのだ。前出の経済人が解説する。

「２０１５年末時点での中国の鉄鋼業界の負債規模は、４兆３７００億元（約75兆円）に上っていた。負債率は、実に66・７％だ。そこで現行の年間11億トンの生産量を、８億トンまで減らす目標を立てた。とりあえず２０１６年は、1億トンから2億トンを減らす。

中国の鉄鋼は、含鋼量が少ないのですぐにヒビ割れが出てしまう問題もあった。日本など先進国では、1平方メートルあたり40キロから60キロの含鋼量があるが、中国は10キロ程度しかない。だから質の向上も重要だ。だがまずは、質の向上よりも量の低下に重点を置いた」

中国では、大型の鉄鋼会社は国有企業である。特にそれらが集中しているのが、遼寧省・吉林省・黒竜江省のいわゆる東北三省だった。

２０１６年1月26日、遼寧省の省都・瀋陽で開かれた遼寧省第12期人民代表大会第6回会議で、陳求発省長が疲れきった表情で、「２０１５年の遼寧省のＧＤＰ成長率は、たったの３・０％だった」と報告した。省内のＰＰＩ（生産者物価指数）も、43ヵ月連続で下降したという。

３・０％という成長率は、遼寧省にとって、過去23年で最低だった。全国31地方の平均値は、前述のように6・9％だったため、全国でも最下位だった。

陳求発省長は、ここまで省内の経済が落ち込んだ理由として、次のように述べた。

「企業の生産コストが上がり、一部業界と企業が経営困難に陥り、技術革新は追いつかず、新興産業は育たず、サービス業の発展は停滞し、地域の発展は不均衡で、財政収入は悪化し、財政支出は増え、国有企業は経営が回復せず、民営企業は発展せず……」

同じ東北三省の吉林省と黒竜江省も、２０１５年の経済成長率が、それぞれ全国31地方中、28位の6・5％と29位の5・7％だった。ちなみに30位は、「石炭王国」と言われる山西省で、３・１％だった。

石炭業界も、鉄鋼業界と並んで過剰生産が顕著な業界で、中小の民間炭鉱会社がバタバタと倒産していた。巷では「１００ヵ所以上に西湖ができた」と言われていた。西湖は浙江省杭州にある風光明媚な湖で、各地の炭鉱の廃墟に雨水が溜まったことを揶揄したものだった。

ちなみに陳省長は、その1年後の2017年1月17日、「遼寧省では2011年から2014年まで、省のGDP統計の水増しを組織的に行っていた」と、再び衝撃発言をした。①耕地や土地の地方税の水増し、②国有資産の使用権の架空の売却、③不当な法人税を企業に納入させて返却、④財政収入そのものの数値の書き換えが主な手法だという。中国当局が初めて「GDP捏造」を認めたことで、「これは中国全土の氷山の一角だ」との声が上がっている。

国有企業トップの自殺

5月10日には、劉鶴副主任が事実上率いる国家発展改革委員会が記者会見を開いた。会見に臨んだのは、東北振興局の周建平局長で、今後3年間で東北地区約130のインフラ整備計画を進め、約1兆6000億元（約27兆円）を投資するというものだった。2008年の4兆元投資の後始末（副作用）に悩まされる中で、結局は同じ轍を踏んでしまったのである。

習近平はと言えば、遼寧省で権力闘争を仕掛けることで、庶民の不満を和らげようとした。年に一度の全国人民代表大会（国会）が開幕する前日の2016年3月4日、新華社通信が、王珉・前遼寧省党委書記（省トップ）を、「重大な紀律違反により調査中」と発表したのである。王珉前書記は、2006年11月から2009年11月まで、吉林省党委書記を務めた。その後、2015年5月まで遼寧省党委書記を務め、「東北王」という異名を取っていた。

王珉前書記は3月4日朝8時頃、全国人民代表大会に出席するため、ともに遼寧省から北京にやって来た同僚たちと、朝食を食べた。その直後に、中央紀律検査委員会の官員たちが遼寧省代表の宿舎に踏み込み、王珉を連行していったのだった。中央紀律検査委員会は8月10日、王珉が「八項規定」(贅沢禁止令)に違反して収賄にまみれていたとする調査結果を発表した。

王珉前書記が電撃的に拘束された2日後の3月6日には、王珉前書記の側近で、吉林省遼源市の経済開発区トップだった孫慶安同市政協副主席が、エレベーターに乗ったところを暴漢に襲われ、メッタ刺しにされて殺害された。このニュースが報道されると、インターネット上には、「腐敗分子は死ね!」「ついに奴隷たちが立ち上がったぞ!」といった書き込みが相次いだ。幹部の失政と汚職の犠牲になって失業した人々の怒りが炸裂したのだ。

この頃、遼寧省の省都・瀋陽に住む日本人駐在員に聞くと、次のように語った。

「瀋陽の街には失業者が溢れ、消費が振るわず、次々に工場が閉鎖されている。最盛期には約3000社来ていた韓国企業も、いまは撤退ラッシュで、すっかり影をひそめている。

瀋陽の企業の納税番付で、2位に3倍以上の差をつけてダントツのBMWの自動車工場が撤退する時が、790万瀋陽市民が路頭に迷う日と言われている。日系企業も2015年、日野自動車の大型バス工場が撤退し、いまや200社を切ろうとしている。日本人駐在員同士で会っても、撤退と縮小の暗い話ばかりだ」

同時期に、同じ遼寧省の大連駐在の日本人経営コンサルタントに聞いたところ、やはりため息交じりに答えた。

「2月8日から始まった春節（旧正月）の大型連休が明けると、700万都市の大連は、倒産ラッシュに見舞われていた。従業員たちが工場やオフィスに戻ってきても、会社がなくなっているのだ。それで失業者たちが、市の中心街でデモを起こしたり、浮浪者になってたむろしたりして、不穏な雰囲気が漂っている」

東北三省に広がる大手国有鉄鋼会社の中で、自動車用鋼材などで中国最大規模を誇る東北特鋼集団は、「ゾンビ企業」の象徴と言われてきた。「ゾンビ企業」というのは、詳しくは後述するが、「僵屍《ジアンシー》企業」の訳語で、とっくに屍（再起不能）になっているのに潰さない国有企業のことだ。東北特鋼は、陳求発省長が言及した「経営困難に陥った企業」の筆頭だった。

2016年の全国人民代表大会が閉幕した直後の3月24日午後1時20分、大連市公安局の警官が、住民からの通報を受けて、市内屈指の高級マンションに駆けつけた。すると、東北特鋼トップの楊華会長兼党委書記が、首を吊って息絶えていた。

1962年遼寧省生まれの楊会長は、1990年に北京大学哲学科で修士号を取得後、東北地方きっての有力国有企業だった鞍山鋼鉄集団に就職。グループ子会社の社長や会長を歴任した後、2015年4月に東北特鋼の会長に就任したばかりだった。

楊会長は、鉄鋼業界随一のインテリ経営者として知られ、社内や業界での人望も厚かった。楊会長は、東北特鋼の大改革に乗り出したが、中国政府と遼寧省、銀行、それに東北特鋼社員たちとの軋轢は増す一方だった。その結果、トップに就任して1年を待たずして、自ら命を絶ったのだった。まだ53歳の若さだった。

東北特鋼の歴史は古い。1905年、日露戦争に勝利した日本は、大連を占領し、大連鋼鉄集団を創立した。同様に、日中戦争が起こった1937年、遼寧省撫順に撫順特鋼を設立。1949年に中国が共産党政権になったことで、この2社は国有企業として再出発した。3年後の1952年、黒竜江省チチハルに、やはり国有企業として北満特鋼が設立された。これら大型国有企業3社は、毛沢東時代と鄧小平時代には、社会主義経済の屋台骨だった。

ところが2002年、撫順特鋼が経営危機に陥り、翌2003年には北満特鋼も経営危機に陥った。そのため2004年9月に、大連鋼鉄集団が撫順特鋼と北満特鋼を合併する形で、東北特鋼集団を創立した。遼寧省の国有資産監督管理委員会が統括し、本社は大連に置いた。

2007年、李克強が遼寧省党委書記（省トップ）を務めていた時期に、東北特鋼は、大連の市街地から約70キロ離れた金州区に、300万平方メートル（東京ドーム64個分！）の巨大な新工場を建設した。投資総額は、156億元（約2700億円）。これによって、それまでとは桁違いの鉄鋼生産が可能になり、2015年の特殊鋼生産量は800万トン、鋼材生産量は690万トンにも上った。同年の日本全体の特殊鋼生産量が1768万トンなので、東北特鋼1社で日本の全生産量の約半分を叩き出したことになる。

ところが世界的な生産過剰と、それに伴う価格下落によって、東北特鋼の負債率は悪化の一途を辿った。2015年9月には、資産518億元、負債436億元で、負債率は危険水域の84%まで上昇した。

そして前述のように3月24日、東北特鋼の楊華会長が、自ら命を絶ったのである。

だが東北特鋼は、会長の死を弔う間もなく、死去した5日後から、債務返済の遅滞が始まり、対応に大わらわとなった。以後、東北特鋼は、わずか5ヵ月で計9回もの債務返済不履行を繰り返した。そのため「違約王」というニックネームを頂戴したのだった。

東北特鋼側は、緊急の転換社債を発行して急場を凌ごうとした。だが、国有企業の借金を国民に背負わせることには、異論も多かった。そもそも高リスクの社債を買う投資家がいるのかという問題もあった。

5月9日には、『人民日報』が、「権威人士」へのロング・インタビューを掲載した。その中で「権威人士」は、次のような見解を述べた。

「従業員は保護するが、企業は保護しない。勇気をもって『ゾンビ企業』の処置にあたるのだ。救いようのない企業、閉鎖すべき企業は、法に基づいて破産させるべきだ。やれ転換社債だ、合併だなどと言うべきではない。そんなことをすれば、さらに高いコストがかかり、早晩、大荷物となってしまう」

この『人民日報』のインタビュー記事は、中国国内で大反響を巻き起こした。後に明らかになったのは、「権威人士」とは、習近平主席と劉鶴・中央財経指導小グループ弁公室主任兼国家発展改革委員会副主任の「合作のペンネーム」だということだった。

東北特鋼は、全株式の68・81%を遼寧省が保有していた。遼寧省は、中央政府からの「潰せ」という圧力と、雪だるま式の負債増加に蒼くなった。東北特鋼を倒産させれば大量の失業者が出るし、倒産させないと、今度は遼寧省の破綻が視野に入ってくるという状況だった。まさに進むも地獄、退くも地獄だった。

ネット上では、中国政府批判も飛び出し始めた。

〈もはや遼寧省の経済は、完全に破綻したのだから、それを素直に認めたらどうだ。遼寧省の老人に聞いたら、張作霖の軍閥時代は、毎日牛肉と水餃子を大皿で食べていたそうだ。また日本の支配時代には、中国全土の工業生産の9割を占めていたという。ところがいまや、こんなありさまだ。いったいどの政権のせいだ?〉

その間にも、遼寧省の経済状況は悪化していた。国家統計局は7月15日、遼寧省の上半期（1～6月）の経済成長率が、マイナス1・0％だったと発表した。マイナス成長は、1989年の天安門事件直後以降、中国国内でどの地域も未経験で、もう待ったなしの状況だった。

こうした中、習近平は再び、権力闘争を仕掛けた。9月13日、新華社通信は、「新中国建国以来の二つの出来事」と題する記事を配信した。

「全国人民代表大会（国会）常務委員会は、第23回会議を開き、不正投票によって選出されたとして、遼寧省の代表（国会議員）102名中、45名の失効（議員資格剝奪）を決めた。また同様に、遼寧省人民代表大会（県議会）常務委員会の代表（県議会幹部議員）62名中、38名の失効を決めた。さらに、遼寧省人民代表大会の523名の代表（県議会議員）を、不正投票を行った容疑で取り調べ中である」

習近平は、引っ捕らえた王珉前党委書記の後任に、子飼いの李希を据えていた。そして習近平総書記―李希遼寧省党委書記のラインで、遼寧省の幹部を、一気呵成にすげ替えてしまったのである。この習近平式の荒業について、次のように述べる中国人がいた。

「523人もの地方議員の一斉調査など前代未聞だ。それというのも、習近平主席は遼寧省に、積年の恨みがあったのだ。遼寧省は、かつての習主席の兄貴分でライバルでもあった薄熙来元遼寧省長（元党中央政治局委員で2012年3月に失脚）の地盤だ。つまりは、江沢民一派だ。

遼寧省の中でも、薄熙来のお膝元が、長年市長を務めた大連だ。２０１３年8月、国家主席になって間もない習近平主席が大連を視察した時、大連市政府は、薄熙来元市長の肖像画を市庁舎から降ろすことを拒否したほどだった。

そのため習近平は、かつて薄熙来市長の子飼いだった王珉前党委書記を失脚させ、遼寧省の『大掃除』を行った。その流れで、薄と王の権力の源泉だった東北特鋼を潰すことにしたのだ」

かくして10月10日、遼寧省大連市中級人民法院が、東北特鋼集団の破産申請を受理したのだった。習近平政権が、巨大な「ゾンビ企業」を見捨てた第1号となった――。

ゾンビ企業の実態

ところで、東北特鋼のような中国のゾンビ企業の実態は、どうなっているのだろうか。２０１６年7月28日に、中国人民大学の国家発展戦略研究院が、中国で初めて『中国のゾンビ企業研究報告　現状、原因と対策』と題した52ページからなる報告書を発表した。

このレポートを読むと、まずゾンビ企業の定義は、「連続3年赤字企業」もしくは「市場の最低金利以下の金利で銀行から融資を受けている企業」だという。

ゾンビ企業の比率が高いトップ5業種は、鉄鋼業51・４３％、不動産業44・５３％、建築装飾業31・76％、商業貿易業28・89％、公用事業20・49％。逆に低いトップ5業種は、銀行業0％、メディア4・12％、非銀行系金融業4・65％、コンピュータ産業5・23％、レジャーサービス業5・88％となっている。

また地方別では、ゾンビ企業が多い地域は、寧夏回族自治区17・06％、山西省15・31％、甘粛省15・09％、雲南省14・80％、北京市13・95％。逆に少ない地域は、チベット自治区3・61％、河南省4・23％、山東省4・29％、湖南省4・44％、福建省4・68％となっている。ごく大雑把に言えば、内陸部に多く沿岸部に少ない構図だ。

次に、創業5年以内の企業の中でゾンビ企業は、約3％しかない。逆に創業30年以上の企業は、約23％がゾンビ企業と認定された。

社会主義国の中国で、民間企業が興ったのは、主に1990年代以降なので、創業30年以上の企業とは、すなわち国有企業のことである。つまり国有企業の中で4社に1社は、ゾンビ企業ということになる。実際、この報告書では、「多くのゾンビ企業が老舗企業、すなわち国有企業であり、規模が大きい企業である」と記されている。

続いて、ゾンビ企業が生まれる原因については、次の5点をあげている。

①地方自治体と企業の謀議

政治の集権と経済の分権という背景のもとで、GDPの向上が地方政府幹部の主な出世の旗印となっているため、中央政府、地方自治体、(国有)企業の三者が組んで、生産過多に陥っていった。

②地方自治体同士と国有企業同士の競争の悪循環

1994年の国税と地方税の税制分離改革によって、地方自治体同士のGDP競争が激化した。これによって各地方が保護主義に走り、生産過剰に陥った。

③大規模な刺激策の後遺症

2008年11月、世界的な金融危機を受けて、中国政府は計4兆元の経済刺激策を実施した。この過度の投資によって、企業が無計画に生産を拡張していった。

④外部の需要の調整

2008年の世界的な金融危機によって、海外需要が減少し、主要貿易品の価格が下落。輸出も減少した。商務部の統計によれば、2008年7月の輸出の伸び(前年同月比)が26・9%だったのに対し、2009年6月はマイナス21・4%と、大幅に減少した。

⑤銀行の甘い融資

民営企業は国有企業よりも、生産コストが高い。その上、銀行は民営企業に対して、「晴天に傘を貸し、雨天に傘を引き取る」。逆に国有企業に対しては、中央政府や地方自治体というバックボーンがあるので、どんどん貸し出す。こうした甘い融資が生産過剰を生んだ。

さらにこのレポートは、ゾンビ企業を減らすための五つの対策を提言している。

①政府の企業に対する不干渉

そもそも正常で成熟した市場経済のもとでは、ゾンビ企業など存在しない。債務がかさんで損失が長期に及べば、自然淘汰されるからだ。そのため政府・地方自治体は、企業に対する干渉を減らすべきだ。ゾンビ企業を生き残らせれば、一時的に税収は入るかもしれないが、長期的に見ればさらに多くの税金を投入する羽目になる。

②国有企業に対する評価ポイントの整備

「強く優れて大きい国有企業」の育成が政府の方針だが、何をもって「強い」「優れている」「大きい」とするのか、国有資産監督管理委員会が明確な指標を作るべきだ。

③銀行融資への監督管理強化

銀行がゾンビ企業に融資し続けるのを断ち切るためにも、政府の銀行融資に対する監督管理を強化すべきである。

④社会的セーフティネットの整備

現在、深刻な業界では、約2割の生産過剰を抱えていて、約1割のゾンビ企業を抱えている。これは全体として見れば、まだコントロールできる範囲内だ。鉄鋼、セメント、ガラスなどの生産過剰分は、貧困地区のインフラ整備に使うとか、中央政府や地方自治体が債券を発行して債務を肩代わりするなどして解決を図る。また、時短や失業に備えて、社会保障を充実させせないといけない。

⑤迅速な国有企業改革と国有企業の定位の明確化

政府はこれまで国有企業改革に関する重要文書をいくつも発表してきた。だがそれらの文書は、根本的な問題を回避している。それは、国有企業とはつまるところ、純粋な市場化された企業なのか、それとも政治的及び社会的役割を担う特殊な企業なのかという問題だ。もしも国有企業の定位が後者だというのなら、その数を減らすべきだ。

最後にこのレポートは、次のように結んでいる。

〈国有企業を、地方の就業を保障したり、安定した税収をもたらすことを優先する存在だとみなすならば、そして経済効率は二の次とするならば、最終的には多くの国有企業がゾンビ企業と化す問題を、根本的に解決することはできないだろう。

われわれが建議したいのは、政治的及び社会的役割を担う国有企業と、市場化していく国有企業とを、明確に分類していくことだ。前者の国有企業は数を制限し、特殊な企業として扱う。後者の国有企業は市場化を加速させるべきである〉

中国人民大学は、教育部傘下の北京大学、清華大学、北京師範大学と並ぶ北京四大名門校の一角であり、前述のように共産党幹部の養成機関でもある。そのため習近平政権の方針を批判するようなことは書けず、奥歯に物が挟まったような表現になるのはやむを得ない。だがそのことを差し引いても、的を射た提言と言えるだろう。

中国共産党の重要会議「6中全会」を終えたばかりの2016年11月1日、国務院（中央官庁）は、「新たな東北振興戦略を深く推進実施し、東北地区の経済を安定し上向かせるための若干の重要挙措の意見」（国発62号）を定めた。それによれば、今後は次の14の手段を講じて、東北経済を復活させていくという。

①東北の法治を推進し、信用を取り戻すため、企業の投資に関してネガティブ・リスト制度を取り入れる。
②国有企業改革の一環として、10社から20社の地方国有企業で混合所有制の改革を試みる。
③民営企業の発展を促すため、2017年6月末までに少なくとも1行の民営銀行を設立する（中国の銀行は2015年末時点で全4262行中、民営銀行はわずか5行のみ）。

④東北振興産業投資基金を設立し、特に農業の発展を図る。
⑤黒竜江省江竜石炭集団、吉林省石炭集団、阜新鉱業集団などの企業改革を深化させる。
⑥「インターネット・プラス」（インターネットを使った産業）を東北地方に浸透させる。
⑦瀋陽渾南区の創新模範基地を始めとする新興産業基地を発展させる。
⑧高速鉄道網の敷設と建設を急ぎ、光ファイバーを全域に浸透させる。
⑨上海自由貿易区などの経験を東北地域で活かす。
⑩遼寧・吉林・黒竜江の東北3省と、江蘇・浙江・広東の3省を連結させる。また、瀋陽・大連・長春・ハルビンの4都市と、北京・上海・天津・深圳の4都市を連結させる。
⑪東北振興の各担当部門の責任を明確にする。
⑫中央政府が東北地区の財政、債務を保障する。
⑬東北振興にふさわしくない「東北衰退論」をメディアから排除する。
⑭東北振興の研究を強化する。

この「国発62号」は、国務院が発布したことでもわかるように、国務院総理の李克強首相が主導したものだ。李克強首相は２００４年から２００７年まで、遼寧省党委書記として、胡錦濤時代の東北振興政策の前線に立って指揮した経験がある。特に⑩の東北地方と発展した地域とのマッチングが、カギを握るに違いない。

また、これは日本も同様だが、中国でも急速な都市化に伴い、東北地方の過疎化が進んでいる。そうした逆風の中での東北振興は、結局は中央政府の公共投資頼みなのである。

ともあれ、「国発62号」により、日系企業にも新たなチャンスが巡ってきた。前出の瀋陽在住の日本人駐在員が語る。

「２０１６年11月21日と22日に、初めて富山で、東北三省に内蒙古自治区を加えた中国北部と、日本企業との日中経済協力会議が開かれました。中国からは計２２５人が参加し、主に日本海側の日本企業とのマッチングを行ったのです。私も参加しましたが、大盛況でした。日本企業は、中国政府が進める新たな東北振興を活用できると、確信を持てました」

鬼城対策

次に、２０１６年以降の経済改革である「供給側構造性改革」の5本柱の2番目に掲げた在庫過剰の除去について見ていこう。

典型的な在庫過剰は、「鬼城《グイチェン》」と呼ばれるゴーストタウン化したマンション群である。胡錦濤時代の後期、鉄鋼の過剰生産に伴って、全国津々浦々までマンションが建っていった。それは、1970年代に田中角栄首相が「日本列島改造論」を唱えた頃の日本と似ていた。地方幹部にしても、マンションを次々に建設し、自分が統括する地域のGDPを上げれば次の出世につながるため、土地開発に血眼になった。特に、5年に一度の共産党大会が開かれる前年は、「乱開発の年」と揶揄された。

こうして全国に、「マンションは建てたが住む人がいない」という「鬼城」が築かれていったのである。

習近平政権は、戸籍制度改革によってこの問題を解決しようとしている。中国は毛沢東時代の1950年代に、国民を都市戸籍（城市戸口）保有者と農村戸籍（農業戸口）保有者に二分した。農村戸籍保有者は、許可証（紹介状）がなければ、都市へ向かう電車に乗ることもできなかった。そうして国民の居住地と職業を固定化することで、国の安定的発展を図ったのである。

1978年に鄧小平が改革開放政策を始めて以降、都市部の発展に伴い、農村から都市への出稼ぎ労働者である「農民工」を黙認するようになった。だが彼らは都市戸籍を持たないため、社会保障、結婚、子供の教育など、あらゆる面で、まるで外国人のような扱いを受けた。マンションの購入もその一つである。各都市にとって「農民工」は、あくまでも「臨時の労働者」扱いなので、居住の固定化を意味するマンション購入に壁を設けたのだ。

「農民工」は2015年末時点で、2億8000万人にも上っている。「鬼城」に彼らを住まわせるのが、過剰在庫を除去する最良の方法だが、それには戸籍制度を改革する必要があった。

だが、例えば首都・北京は人口が2200万人、上海は2400万人に達し、都市機能はパンク寸前である。他の一線都市（最重要都市）の広州、深圳、天津も同様で、これ以上、「農民工」に戸籍を与えるという選択肢はなかった。

そこで中国政府は、2014年7月に「戸籍制度改革をさらに一歩進める意見について」という通達を出し、各地方ごとに戸籍改革計画を発表させた。2016年9月までに出揃った各地方の計画によると、都市戸籍と農村戸籍の区別は基本的に撤廃するものの、人口500万人以上の都市は、その都市への戸籍の移動に、大きな制限を設けるようだ。

たとえば首都・北京は「中心部6区の人口を2020年までに15%減らす」としていて、非戸籍保有者が多い各種市場などが、すでに閉鎖を余儀なくされている。具体的には、本人の学歴やその都市への納税額や投資額などを加味するという「積分落戸」と言われる制度を導入する。

実際、2017年2月1日から、全国に先がけて江蘇省の省都・南京市で「積分落戸」が始まった。15項目に照らして、合計100点以上ないと新規の戸籍の申請を認めないというものだ。持ち家1平方メートルあたり1点、45歳を5点として1歳減るごとにプラス1点、大卒で80点、所得税納付額1000元ごとに5点など、独特の制度である。

不動産バブルの演出

マンションの在庫過剰を解消するには、もっと手っ取り早い方法もあった。それは不動産バブルを煽って、国民の貯金をどんどんマンションに投資させていくことである。

胡錦濤時代以降の経済発展は、主にマンション（不動産）と自動車が牽引してきた。マンションと自動車は、それに付随して鉄鋼から電化製品まで、様々な消費を喚起するからである。実際、習近平政権は、2015年6月の株式バブルの崩壊に伴って、ますます不動産バブルを再燃させる手法に傾倒していった。

2014年11月22日、中国人民銀行が2年3ヵ月ぶりに、銀行の1年物貸出基準金利を、6・0%から5・6%に引き下げた。住宅ローン金利はこの基準金利に連動しているので、基準金利が下がれば不動産バブルに火がつく。

2015年に入ると、中国人民銀行はこの基準金利を、3月1日に5・35%、5月11日に5・1%と、再び下げた。そして習近平主席の62歳の誕生日である6月15日から株価が暴落すると、6月28日に基準金利を4・85％に引き下げ、8月26日に4・6％に引き下げ、10月24日に4・35％に引き下げた。

このように基準金利を、1年間で6回も引き下げたのである。まさに、住宅バブルに点火しまくったわけだ。

それだけでなく、マンション購入時の頭金も、販売価格の2割まで下げた。そして銀行が、住宅ローンの15％割引を始めたり、頭金自体を肩代わりしたりするのを黙認した。つまり、頭金ゼロでマンションが買えるようにしたわけで、まさに10年前のアメリカのサブプライム・ローンと同じパターンである。2016年11月に上海で会った銀行幹部は、次のように語った。

「これまでは主に国有企業に多額の資金を貸し付けて、儲かって仕方なかった国有銀行だったが、いまや不良債権が溜まって首が回らなくなった。四大国有商業銀行（中国工商銀行、中国銀行、中国建設銀行、中国農業銀行）だけで、2016年上半期に計2万5260人も人員削減しているのだ。そんな中で、住宅ローン融資はリスクが少なく、着実に利ザヤが稼げるので、多少無理なケースでも貸していた」

これによって不動産価格はめきめき上昇した。その結果2016年には、景気が低迷しているのに不動産バブルが進むという「中国の特色ある経済状態」が生まれていったのである。

2016年9月に国家統計局が発表した8月の70都市住宅価格調査では、新築マンション価格が、9割以上にあたる64都市で前月よりも上昇した。しかも、鄭州5・6%、上海5・2%、無錫4・9%、合肥4・8%、福州4・3%、南京4・1%と、わずか1ヵ月前に較べて4%以上も上がった都市が、6都市にも上ったのだ。

さらに9月も、54都市で不動産価格が上昇し、うち5都市で前月より5%以上も上昇した。無錫8・2%、鄭州7・5%、杭州5・5%、済南5・2%、福州5・1%だ。

中国では、全国の市町村を、重要性や人口などを鑑みて、一線都市から四線都市に区分している。一線都市は、北京、上海、広州、深圳、天津の5都市。二線都市が南京、武漢、重慶など41都市。三線都市が紹興、珠海、吉林など110都市。残りすべてが四線都市である。

これまでは、マンション価格の上昇が激しいのは、主に一線都市だった。だが2016年夏は、一部の二線都市、三線都市の上昇率が、一線都市の上昇率を上回るという新現象も起こった。これは、不動産バブルが地方都市にまで浸透してきたことを示していた。しかも上がり方が尋常でなかった。

2016年8月に北京を訪れた際、不動産の専門家に会って聞いたところ、彼は次のように語った。

「10月14日から、SEC（米証券取引委員会）がMMF（マネー・マーケット・ファンド）に新たな規制をかける。これによって多額のホットマネーが、中国からアメリカに流出することが見込まれる。これは中国の不動産業界を直撃し、不動産バブルが一挙に崩壊し、中国版リーマン・ショックが起こるリスクを孕んでいる」

実際、LIBOR（ロンドン銀行間取引金利）は上昇を続け、9月26日には0・85294と、7年ぶりの高水準に達した。中国企業が発行するドル建て社債の多くは、LIBORを基準にしているので、債務が膨らむことになって経営者たちは蒼くなった。もちろん、不動産業界も同様だった。

「金九銀十《ジンジウインシー》」（黄金の9月と銀色の10月）という言葉が、中国の不動産業界用語にある。9月の中秋節（旧盆）の3連休から、10月の国慶節（建国記念日）の7連休にかけて、マンションの販売量が1年のピークを迎えるという意味だ。

中国には、人口100万人を超す都市が142もあるので（日本は12都市）、不動産規模も世界一である。私が北京に住んでいた時には、農作物と同様、マンション販売も「実りの秋」を迎えるのだと理解していた。新栗の匂いと、駅前などで大量に新築マンションのビラ配りが始まることで、秋の気配を感じていたものだ。

2016年の秋も、一線都市から四線都市まで各都市の不動産業者たちは、「金九銀十」のこの季節に合わせて、大量の新築マンションの販売に踏み切った。

突然のマンション購入制限令

ところが、である。10月1日の国慶節を6日後に控えた9月25日の日曜日、二線都市の筆頭である前出の820万都市・南京市で、突如として異変が起こった。南京市人民政府（市役所）のホームページに、「南京市の不動産市場のさらなるコントロールのための主要地区の不動産購入制限措置に関する通知」（2016年第140号通知）が、何の予告もなくアップされたのだ。

そこには次のように記されていた。

・すでに1軒の住宅を所有している南京市の非戸籍保有者家庭の不動産購入（新築及び中古物件）を当分の間禁止する。
・すでに2軒以上所有している南京市の戸籍保有者家庭の新築不動産購入を当分の間禁止する。

まさに、これからマンションを買おうとしていた南京市民、及び売ろうとしていた不動産業者にとって、青天の霹靂の「マンション購入制限令」だった。市民も業者も、南京市政府のホームページを見て、唖然となったのだ。

この通知は翌日から施行されるということで、マンション購入を考えていた南京市民たちは、「それならば今日のうちに契約してしまえ」と、市内のマンション販売センターに殺到。おかげで9月25日だけで、計1604軒ものマンションが南京市で売れた。本当はこの何倍も売れるところだったのだが、マンション販売スタッフの人員が足りなかったのである。

だが、南京の混乱はこれにとどまらなかった。南京市政府は、やはり何の予告もなく、大型連休5日目の10月5日になって、「第143号通知」を発令した。これはさらに詳細な「マンション購入制限令第二弾」で、主な内容は次の通りだ。

・明日10月6日より（以下同）、南京市の非戸籍保有者に、マンション購入の際、過去2年以内の1年以上の所得税納税証明書と社会保険納税証明書の提出を義務づける。
・南京市の戸籍を保有する独身者（離婚や死別を含む）は1軒しか購入を認めない。
・住宅ローンの差別化をさらに進める（購入者をふるいにかける銀行の高金利を許可する）。
・1軒目の普通住宅の購入は頭金3割以上、2軒目は4割以上、商業用不動産は5割以上、住宅ローンを完済していない者は8割以上とする。

こうして南京で始まった「マンション購入制限令」は、その後、燎原《りょうげん》の火のごとく、全国各都市に拡散していった。内容は大同小異で、頭金アップ、非戸籍保有者の締め出しなどだ。

首都・北京では10月6日、地元テレビ局の北京衛視が、9月30日に北京市政府が発令した「北京市の不動産市場の平穏かつ健全な発展を促進するための若干の措置について」（マンション購入制限令）に関する特集ニュースを組んだ。それは次のような内容だった。

北京市豊台区のある新築マンション販売センター。国慶節の大型連休中の午前10時。このマンションは9月25日に発売を開始し、販売開始から5日間で計150の部屋に約300人が予約するなど、販売は上々だった。

だが9月30日を境に、一夜にして頭金が7割にハネ上がってしまったため、「棄購《チーゴウ》」（購入放棄）が続出しているというのだ。

「頭金7割なんて、払えるわけないじゃないの！」

数日前に購入を決めたばかりの女性が、マンションの販売員に嚙みついた。

このマンションは、1平方メートルが約7万元（約120万円）。一般的な3LDK105平方メートルの部屋の場合、約700万元（約1億2000万円）だ。

中国の不動産は、室内面積でなく建築面積で換算するので、7掛けすると、だいたい日本の不動産表示面積となる。つまり、70平方メートルで1億2000万円の物件だ。ちなみに、北京の不動産価格はとっくの昔に、東京の価格を追い抜いている。

北京市政府が9月30日に発令した「マンション購入制限令」には、「京八条《ジンバーティアオ》」というニックネームがついた。「京八条」によれば、第5環状線内のマンションの場合、1平方メートルあたり3万9600元以上、もしくは総額が468万元以上のマンションは、非普通住宅（高級マンション）とみなされる。

近頃売り出している第5環状線内のマンションの場合、不動産業者が買った時は1平方メートルあたり約3万元が相場だったという。そのため、マンション建造費用などを加えると、最低でも5・5万元以上で売らないと元が取れない。不動産会社の社員は、「これではすべてのマンションが、非普通住宅となってしまう」と、テレビに向かって嘆いていた。

「京八条」を簡単に説明すると、初めてマンションを購入する人が普通住宅を買えば、頭金は35%以上、非普通住宅を買えば40%以上にハネ上がった。同様に、2軒目の普通住宅は50%以上、2軒目の非普通住宅は70%以上にハネ上がった。

これに、北京市の戸籍保有者か非保有者かという区別によって、細かい条件が変わる。すなわち非保有者が買おうとすると、納税や社会保障費負担の証明など、多くのハードルが立ちはだかるのである。要は、北京戸籍のない者はマイホームを持つべからずと言っているようなものだった。

北京衛視は、そもそも北京市政府傘下のテレビ局なので、激しい市政府批判などできるはずもなかった。番組の最後には、社会科学院の都市建設の専門家が登場し、「今回の措置は、マンション投資の金融化とレバレッジ化を抑制するのに必要な措置である」と述べていた。

この「マンション購入制限令」騒動を見ていて、不思議なことがあった。それは、通達を発令しているのは、あくまでも各地方自治体であって、国務院（中央官庁）ではなかったことだ。国務院には、住房和城郷建設部（住宅及び都市農村建設省）という専門官庁があるにもかかわらず、この官庁は何の通達も出さなかったのである。

10月5日になって、この中央官庁は、「権威専家（権威的な専門家）が9都市の不動産コントロール新政策を評価する」と題した新華社通信の記事を、ホームページ上で転載した。記事の中で、新華社記者の取材に応じたという「権威専家」は、次のように述べている。

「多くの都市で行った不動産市場のコントロール政策は、投資と投機の需要を抑制するのが目的だった。住宅価格があまりに急激に上昇するのを抑止し、不動産市場を安定化させようとしたのだ。日々刻々状況が変わる不動産市場に対して、市場を安定化させコントロールしていくことに対して、引き続き細かな指導をし、都市政策に結びつけていく」

この記事は長文で、劉洪玉・清華大学不動産研究所長や廖俊平・中山大学南方学院不動産学部長なども続いてコメントしていたが、大事なのは、「権威専家」が述べたコメントである。

中国の官製メディアが「権威人士」「権威専家」などと表記する時は、前述のように、習近平主席と劉鶴中央財経指導小グループ弁公室主任兼発展改革委員会副主任を指すからだ。

こうしたことから透けて見えるのは、2016年秋の「マンション購入制限令」は、李克強首相が統括する国務院の主導ではなくて、習近平総書記サイドが主導したということだ。おそらく、9月に李克強が、ニューヨークの国連総会、カナダ、キューバと11日間も外遊に出ている間（9月18～28日）に、習近平と劉鶴が主導して進めてしまったのだろう。

だが、この「マンション購入制限令」は、習近平政権が推し進めようとしている戸籍制度改革と、明らかに矛盾するものだった。都市部で農村戸籍者を一層差別し、「現代版アパルトヘイト」を助長する政策だからだ。

都市戸籍保有者の庶民にしても、2016年の年初には事実上、頭金ゼロでマンションが買えたのに、秋になったら一夜にして、頭金7割以上に変わってしまったのだから、やはり犠牲者である。割を喰っていないのは、頭金問題など関係ない富裕層だけだった。このため、「マンション購入制限令」によって、中国政府が「是正する」としている社会格差も、ますます開くことになってしまったのである。

結局、2016年秋の「マンション購入制限令」の嵐によって残ったのは、庶民のため息と、「棄購《チーゴウ》」という流行語だけだった。

それでも、「上に政策あれば下に対策あり（上有政策、下有対策）」と言うように、庶民たちは思いもよらぬ行動に出て対抗した。離婚届を提出する人々が、市役所に殺到したのである。離婚してマンションを買えば、夫婦で2軒買えるからだ。

ある中国の弁護士事務所は、次のような宣伝広告を出した。

〈マンション購入や節税なら、当事務所にご相談ください。例えば北京の既婚、マンション保有者で、弟夫婦に1軒譲渡したいという奥様については、こんな方法で解決させました。

①夫と離婚し、自宅を夫だけの名義にする、②弟夫婦も離婚する、③元夫と元弟の妻を結婚させ、マンションに元弟の妻の名義を加える、④元夫と元弟の妻が離婚する、⑤夫と元夫の妻、弟と弟の元妻がそれぞれ復縁し、マンションに弟の名義を加える。

この5回の手続きによって、かかった費用は、市役所の手数料9元×5回で、たったの45元。それによってマンションをうまく譲渡し、かつ各種税金を87万元も節約できたのです〉

こうした突然の離婚ラッシュに、市役所側も防衛に走った。北京市では、1日1000組しか離婚させないと発表。私が2016年11月に訪問した上海市静安区役所では、「離婚は1日50組しか受け付けません」という張り紙を出していた。

経済状況が日本に伝わらなくなった理由

ところで最近、中国発の経済悪化の状況が、日本にあまり伝わってこなくなった。それは、中国の景気が回復したからでは、まったくない。当局が、「経済のマイナス報道」を強く規制し始めたことが大きい。

それまでは共産党や政府への批判記事が御法度だったが、２０１６年春ごろから、中国経済に対する批判やマイナス報道も検閲の対象となっている。そのため、中国経済は悪化の一途を辿っているのに、経済専門紙が「中国経済はまだまだ好調」といった「大本営発表記事」を書かされているのだ。

例えば、10月1日から1週間の国慶節（建国記念日）の連休中、中国メディアは連日、「入《ルー》籠《ラン》」の吉報を大々的に伝えた。「入籠」とは、文字通り「籠《かご》（通貨バスケット）に入る」、すなわち中国が、ＩＭＦ（国際通貨基金）でＳＤＲ（特別引出権）を獲得し、国際通貨となったことを意味する。人民元をＩＭＦで国際通貨にすることは、中国の長年の悲願だった。

〈9月30日、ＩＭＦのラガルド専務理事は、わざわざチャイナドレスを身にまとって会見。「入籠」について、「世界にとって歴史的な日であり祝福したい」と述べた〉（中国中央電視台）

〈SDRは1969年に始まり、「紙の黄金」と呼ばれてきた。これまで米ドル、ユーロ、日本円、英ポンドと先進国の通貨のみで構成されてきたが、今回初めて、新興国の通貨である人民元が「入籠」したのだ。しかも、今後5年間のSDRの構成比率は、米ドル41・73%、ユーロ30・93%、人民元10・92%、日本円8・33%、英ポンド8・09%と、米ドル、ユーロに次いで3位に躍り出た〉（新華社通信）

中国の報道を見ていると、「マンション購入制限令」によって全国で広がっている混乱を、「入籠」のニュースで掻き消そうとしているかのように思えた。すなわち、今後は海外資金が中国国内にどっと流入し、株価も上昇する。また、世界最大の貿易大国である中国は、これまで貿易においてドル決済を余儀なくされていたが、これからは人民元で押し通せばよいから、さらに輸出と海外投資が増えていく――。そういった楽観的な論調が展開されたのだ。

だが実際には、習近平政権が思い描いた青写真とはほど遠かった。広東省で最も人気が高い夕刊紙『羊城晩報』（10月12日付）が勇気を持ってスッパ抜いたスクープ記事によれば、広東省公安庁（県警に相当）が省内の地下銀行の一斉摘発を行い、350人余りを逮捕し、2300億元余りを摘発したという。日本円にして、約4兆円！　まさに天文学的な地下金脈である。

広東省公安庁は、この報道を肯定も否定もせず、沈黙し続けた。だが、ある経済人はこんな発言をしている。

「2300億元の摘発は事実だ。そのうち約2割が、ホットマネーとして国外へ流出してしまったようだ。中国では1人当たり年間5万ドル分しか外貨と両替できないし、外貨での企業決済にも強い規制をかけているから、マネー・ロンダリングやホットマネー管理のために、地下銀行が栄える。

だが10月に入って、地下銀行を通したホットマネーの流出に歯止めがかからなくなってきた。このままでは、中国経済の底が抜けてしまうので、公安も摘発に必死になったのだ」

SDR入りして以降、人民元の暴落も止まらなくなった。中国の為替市場は、国慶節連休明けの第1週（10～14日）、人民元は対米ドルで0・83％も急落したのである。これは、2016年1月の第1週の1・44％に次ぐ下げ幅だった。

2016年11月に中国に行った時は、「楼継偉ショック」が、北京でも上海でも起こっていた。李克強首相の片腕で、「改革派の旗手」と言われていた楼継偉財政部長（財務相）が、11月7日に突如、解任されたのである。任期は2018年3月までなので、就任して44ヵ月での解任となった。解任の理由は明らかにされていないが、習近平・劉鶴サイドとの路線対立があったことは、容易に想像できた。

楼継偉財政部長は、2016年4月24日、習近平主席の母校である清華大学で講演した。「このままでは5％の経済成長も難しくなる」「もっと痛みを伴う構造改革が必要だ」「年金制度は1997年に始まったので、（いまの高齢者は）タダ取りしている」などと述べ、歯に衣着せぬ発言が話題になっていた。

私はこの講演録を通読して、楼部長は、3月の全国人民代表大会で習総書記に屈服させられた李克強首相の思い（第2章参照）を代弁しているように思えてならなかった。そのため、習・劉サイドとしては面白いはずもなかった。実際、5月9日に『人民日報』に掲載された「権威人士」（習プラス劉）のロング・インタビューは、この楼継偉講演に対する反論とも言えた。

ともあれ、「改革派の旗手」の解任は、また一つ、中国の経済改革に黄信号が灯ったことを意味していた。「あと1年もしたら、『供給側構造性改革』など死語になっているだろう」と悲観論を述べる経済人もいた。

2016年12月11日、中国がWTO（世界貿易機関）に加盟して、15周年を迎えた。思えば15年前、中国は「入世《ルーシー》」と言って、国を挙げて祝杯を挙げたものだ。「入世」は、「世界貿易機関に入る」という意味だが、「世界の仲間入りをする」という意味も言外に含んでいた。天安門事件、ベルリンの壁崩壊、ソ連邦崩壊と続いた20世紀末の中で、ようやく「中国崩壊」という悪夢が消え去ったと安堵したのだ。

だが、あれから15年、中国に喜びの声は聞かれない。11月に北京を訪れた時、ある経済関係者は憤って言った。

「WTOの議定書には、中国の加盟から15年経ったら、加盟国は中国を『市場経済国』と認定し、中国の輸出品に対する反ダンピングの関税算定の代替国から外すと記されている。だが現実はどうだ？　アメリカが拒否し、EUが拒否し、日本も拒否している。先進国が揃って、WTO違反を犯しているのだ」

中国は前述のように、社会主義市場経済を採用しているが、習近平時代になって社会主義への傾斜が強まっているため、先進国が市場経済国と認定するのをためらったのである。

資金流出が止まらない

2017年が明けて、前年の経済統計が発表された。好調なのは自動車で、2016年の自動車販売台数は、前年比13・7％増の2802万台に上った。日本勢も、ホンダが120万台、日産が114万台、トヨタが106万台と、大手3社合計で341万台も販売した。日本国内の年間自動車販売台数が、ついに500万台を割り込んだことを勘案すれば、すでに各メーカーの主戦場は中国へ移っている。

中国で自動車販売が好調なのは、政府が景気低迷脱却の起爆剤にしようと、2015年10月から2016年末まで、排気量1600cc以下の小型車の「車両購置税」（自動車購入税）10％

を、5％に減税したことが大きかった。2017年は7・5％になり、2018年から10％に戻すとしているので、これからが正念場である。

その他の経済統計は芳しくなかった。景気の先行きを示す株価指数（上海総合指数）は、2016年通年で12・3％下落。前年比435ポイント安の3103ポイントで終えた。輸出も13兆8400億元で、前年比マイナス2％に終わった。ドル換算するとマイナス7・7％だ。

外貨準備高は、2016年1月に3兆2308億ドルあったのに、12月には3兆1005億ドルまで下降。ついに米国債保有高で日本に再逆転を許した。

人民元の下落も止まらない。2016年の為替レートは、1ドル6・4895元から6・9429元まで下落し、2017年は「1ドル7元時代」を迎える可能性が出てきた。日本では円安になると、輸出産業が伸びる上、株高になって景気が回復すると思いがちだが、新興国の中国では、元安は資金流出と、それに伴う経済の「底抜け」を意味する。

実際、資金流出が止まらなくなってきている。『日本経済新聞』（1月8日付）は、独自の集計によって、2016年の中国の資金流出が3000億ドル（約35兆円）を超えたと報じた。2017年1月26日には、ついに中国国家外為管理局が、5万ドル以上の海外送金に制限をかけるなど、11項目の措置を発表した。

トランプ時代を迎えた中国は、この悩ましい資金流出に加えて、アメリカとの貿易摩擦という新たな火種を抱え込むことになる。

２０１６年7月まで5年にわたってＩＭＦ副専務理事を務めた経済学者の朱民氏は、「アメリカがすべての中国製品に45％の関税をかけたら、中国のＧＤＰ成長率は２・８％減るが、アメリカもまた１・１％減る」と警告を発している。いずれにしても中国は、いざとなればＥＵと組んでトランプ政権との「貿易戦争」を戦う気でいる。

官僚の不作為の年

習近平政権の約４年間を評価すると、政治分野と軍事分野に関しては、習近平が強い指導力を発揮している。外交分野に関しても、政権発足当初こそ、習近平が「土着型政治家」だけに冷や冷やしたものだったが、いまでは手慣れてきて見事な大国外交を行っている。

ところが経済分野に関してだけは、ざっと見てきたように、この４年間というもの、落第点である。たとえてみれば、今日大雨が降ったから慌てて傘を用意し、今度は台風が吹き荒れだしたから戸や窓を補強するといった具合だ。万事後手後手で、かつ出たとこ勝負のため、長期的な見通しや整合性に乏しい。

そもそも習近平は、共産党総書記に就任した翌月の２０１２年12月に、いきなり「八項規定」（贅沢禁止令）を発令して、それまで順調だった経済発展に水を差した。

先代の胡錦濤時代に、「地下経済」（賄賂経済）が中国経済全体の3割という報告書が出たことは、前述の通りだ。賄賂を根絶しようというのは大変よいことだが、あまりに一気呵成にやったがために、経済が腰折れしてしまったのである。

加えて、賄賂を取れなくなった公務員の不作為（仕事放棄）が蔓延するようになった。中国は社会主義国なので、許認可権などを持っている公務員が不作為に陥ると、とたんに経済が停滞してしまうのだ。

特に、ただでさえ5年に一度の共産党大会の年は、「官僚の不作為の年」と言われる。党大会によって人事と方針が大幅に変わるため、それまで様子見するからだ。２０１７年がまさに党大会の年にあたるが、胡錦濤時代とは比較にならない規模で官僚の不作為が蔓延している。

このように、中国経済はいまや満身創痍である。

今後は、経済不振に陥ったからこそ、中国は日本経済に頼ろうとしてくると思われる。中国は、経済が絶好調の時は、日本を見向きもしない傾向があるからだ。

加えて、次の発言を読んでみてほしい。

「世界が直面する不確実性を、経済のグローバル化のせいにするのは正しくないし、問題解決の助けにもならない。

経済のグローバル化は、社会の生産力の発展と科学技術の進歩による歴史の必然的な要求であり、帰結である。それなのに経済のグローバル化がもたらした問題があるからといって、それを撲殺しようとするのは愚かな行為だ。

私たちの正しい選択は、経済のグローバル化がもたらしたチャンスを十分に利用し、チャレンジに一致して立ち向かい、世界をよりよいグローバル化の道へと導いてやることだ。チャレンジとは具体的には、世界経済の成長、コントロール、発展の仕方に問題があるということで、いずれも解決不能なものではない。

世界は、貿易と投資の自由化と利便化を推進していくのが筋であって、保護主義への反対を旗色鮮明にすべきだ。保護主義を掲げることは、暗室に籠って雨風に打たれるのを避けているようなもので、陽光や新鮮な空気からも隔絶されてしまう。他国に貿易戦争を仕掛けても、双方が傷つくだけで無意味だ」

これは、「はじめに」でも示したように、２０１７年1月17日に、スイスのダボス会議（世界経済フォーラム年次総会）に参加した習近平主席のオープニング・スピーチの発言である。保護貿易に走ろうとしているトランプ政権を痛烈に批判しているが、自由貿易を掲げる日本にとっては、全面的に賛成できる内容だ。

つまり今後、経済貿易分野に関しては、世界第2、第3の経済大国である中国と日本が二人三脚で、アメリカに対抗していく選択肢が有効だということだ。

また日本としては、トランプ政権発足でＴＰＰがご破算になった現在、日中韓ＦＴＡ（自由貿易協定）の締結と、その先のＲＣＥＰ（東アジア地域包括的経済連携）が日本経済の浮沈を握る重要な貿易協定となる。そしてこの両協定とも、アジア最大の経済大国である中国と、第２の経済大国である日本の協力が欠かせないのである。

ともあれトランプ時代を迎えて、日本が中国経済を、さらに一層、活用していく時代が到来したと言えるだろう。中国経済の現状をつぶさに分析しながら、日本のチャンスを探っていくべきである。

第４章　日本が付き合うのは「新しい中国」

日本人のいない上海

「今年のカニは、小ぶりなんです。陽澄湖一帯が、夏に天候不順が続いたせいで、カニが丸々と太りませんでした。でもいまは、先行する蟹卵のついたメスと、後発の身が引き締まったオスとが、両方召し上がれる絶好の季節です。紹興酒との相性もピッタリです」

店員の男性が、籠に入れた活きたカニを示しながら語った。

前章でも述べたように、２０１６年11月、私は上海に来ていた。ここは上海市の中心、人民広場から福州路を5分ほど東に歩いたところにある「王宝和酒家」である。清朝時代の乾隆９年（１７４４年）に、僧侶の王桂臣が紹興で開業した老舗だ。改革開放初期の１９７９年10月、この地で開いた上海ガニの大宴会が評判を呼び、世界中に上海ガニの名が広まった。上海では「蟹大王」と呼ばれる「上海ガニ発祥の地」である。

私は２００６年の秋にも、この店を訪れたことがあった。当時は、この店のあちこちの円卓で、日本語が飛び交っていたものだ。上海駐在の日本人ビジネスマンや、上海を旅行中の日本人観光客らが広く利用し、「上海の中の日本」が見られる名所の一つだった。

ところがちょうど10年ぶりに訪れてみると、３００席ほどある円卓に、日本人の姿は見られない。店員に確認すると、少し寂しそうに答えた。

「そういえば最近、日本人はめっきりいらっしゃらなくなりました。しかしこの季節は、おかげさまで2～3週間前から予約をいただかないと席がお取りできないほど盛況ですし、別に気にしていません」

王宝和酒家で私が会食した相手は、日本留学の経験もある地元の銀行幹部だった。日系企業との取引も活発に行っている。

私と店員との会話を聞いていたその銀行家は、声を大にして不満を爆発させた。

「現在、中国経済が芳しくないのはたしかだ。２０１３年に上海で始まった自由貿易区は、金融の自由化が進まないなどの理由で、目標としていた『第二の香港』には遠く及んでいない。かつては上海発展の牽引役だった宝鋼製鉄所も、いまでは『ゾンビ企業』と囁かれている。

だがそういったことを差し引いても、この国には13億８０００万人が毎日、消費活動を行っていて、日本の総人口の約2倍にあたる2億人を超す中産階級が育ってきている。上海とその後背地だけで、1億５０００万人もの旺盛な消費者がいる。日本旅行もブームになっていて、日本の良さを改めて見直そうという気運が高まっているのだ。

それなのに日系企業ときたら、中国はもうダメだから撤退だ、縮小だなどと言っている。こちらの日本人駐在員に文句を言うと、『私もいまこそビジネスチャンスと思うんですが、なにせ日本の本社がそう思っていなくて……』などと言い訳する。

1980年代以降、中国に一番投資してきたのが日系企業だった。それなのに、苦労して播いた種がようやく実って、さあ果実を摘み取ろうという時に去ってしまうなんて、もったいないことこの上ない」

生粋の上海人であるこの銀行家は、上海ガニを捌《さば》く手つきが板についている。腹部を割り、甲羅を剝がし、脇のエラを外し、真っ二つにして、足を吸う。そして時折、甕《かめ》出しの紹興酒を合わせて啜る。店側が「今年は小ぶりだ」と謙遜する割に、身はホクホクしていて、やはり本場の上海ガニの味は別格だ。

「おひとり様の日」一日で売り上げ2兆円

私が上海へ着いてまず驚いたのは、「大馬路《ダーマールー》（目抜き通り）」から「弄堂《ロンタン》（上海独特の路地裏）」まで、どこにでも行き来している宅配便業者たちの姿だった。日本でも、クロネコヤマトや佐川急便などの配達車を路上で目にするが、こちらはその比ではなく、通行人の数より多いほどだ。オフィスビルやマンションのエレベーターに乗ると、同乗するほとんどが宅配便業者だった。

それは、「双十一《シュアンシーイー》（おひとり様の日）」と呼ばれる、年に一度のＥＣ（電子商取引）イベントのせいでもあった。

１９９５年、故郷の浙江省杭州で英語教師や英語の翻訳をやっていた30歳の馬雲《ジャック・マー》が、夫人と部下一人を雇って、中国初のオンラインショップを起ち上げた。馬雲は、４年後の１９９９年にアリババ（阿里巴巴）を創業。20年を経たいまや、ニューヨーク市場に上場し、２０１６年第４四半期（10月～12月）の売り上げ５３２億元（約９０００億円）、従業員約３万５０００人という中国最大のＩＴ企業に成長した。前出の銀行家が続ける。

「２０１２年の年末に、中国中央電視台の年間最優秀経営者賞に、アリババの馬雲会長と、『不動産王』と呼ばれる大連万達集団（ＷＡＮＤＡ）の王健林会長が選ばれた。その時、壇上で馬雲会長が、『今後10年で、ＥＣによる販売は実店舗販売の売り上げを超える』と豪語したところ、不動産という実店舗を販売する王健林会長は、『そんなのは夢物語だ』と一笑に付した。その後、二人の間で軽い口論になり、この二大巨頭は視聴者の前で、『２０２２年にＥＣが総売り上げの５割を超えるかどうか』で、１億元（約17億円）の賭けをしたのだ。

それから４年を経たが、現在のＥＣの伸びを見ると、あながち夢物語でないと思えてくる。実際、私の大学生の娘は、ほとんどすべてのものを、スマホを通じて買っている」

中国国家統計局の発表によれば、２０１６年の小売品の売上高は前年比で10・４％伸びているが、ECは25・6％も伸びていて、全体の12・6％となっている。また、国家郵政局によれば、2016年の宅配便件数は312億8000万件で、前年比51・4％アップ、宅配便による収入も3974億4000万元に達し、43・5％アップとなった。

こうしたデータは、中国経済の悪化を受けても、消費は堅実に伸びていて、それをECが牽引していることを物語っている。そのEC業界を牽引しているのが、「中国の楽天」ことアリババなのである。

私は2010年9月に、馬雲会長と会って話を聞いたことがある。企業経営者というよりは、哲学者のような相貌だった（投資家のジョージ・ソロス氏にインタビューした時も同様の印象を受けた）。

当時の胡錦濤・温家宝政権から目の敵にされていたこともあって、馬雲会長は、いくつかの質問に対して、「そんなこと温家宝総理に聞いてくれよ」と、ふて腐れたように答えた。また、自分がアメリカ留学を果たせず、地元で英語の翻訳などを細々とやっていたというコンプレックスがあってか、「MBAを取得したアメリカ留学組は絶対に雇わない」とも言っていた。

そんな中で、「新興のIT企業として、1万人以上もの若い従業員を雇って経営していく要諦は何ですか？」と質問した時だ。馬雲会長は真剣な眼差しで、こう答えたのだ。

「それは、社内の就業規則を作らないことだ。アリババの社内規則は創業以来、たった1行だけだ。それは、『オレに従う者は居ろ、従わない者は去れ』だ」

このような強烈な個性を持つ馬雲会長が、２００９年の11月11日に始めたのが、「おひとり様の日」（光棍節《グアングアジエ》）のキャンペーンだった。

１９７９年に始まった一人っ子政策と、都市化率5割を超す急速な都市化に伴う核家族化は、中国人の孤独現象を生んだ。２００９年当時、私は北京に住んでいたが、どのレストランに行っても、たいてい店の隅っこで「おひとり様」を見かけた。

日本では「おひとり様」というと、一人で優雅に食事しているイメージがあるが、中華料理というのは、円卓に大皿料理が並ぶので、そもそも「おひとり様」を想定していない。そのため「おひとり様」客は、非常に寂しげなのである。

アリババは、そこに目を付けた。「１」が四つ立つ11月11日を「おひとり様の日」と定め、一人暮らしや彼氏彼女のいない人々、離婚した人々などに向けて、割引キャンペーンを始めたのである。このキャンペーンは大ヒットし、「１」が六つ並んだ２０１１年11月11日には、北京市内の各レストランでも、「おひとり様」客に特別サービスをするようになったほどだった。

その後、いつしか「光棍節」という言葉はあまり使わなくなり、代わって「おひとり様」でない人にも違和感がない「双十一《シュアンシーイー》」（二つの11）と言われるようになった。いまでは中国において「双十一」は、国慶節や春節の商戦を超える年間最大の商戦となっている。

2016年の「双十一」で、アリババは実に、1207億元（2兆円強）を売り上げた。より正確に言えば、11月11日の深夜0時ジャストにキャンペーンがスタート。わずか52秒で、ネットショップ内の売り上げが10億元を突破。6分58秒で100億元を突破。15時19分13秒に、前年の総売り上げ912億元を超え、18時55分36秒に1000億元の大台に乗ったのである。

1207億元と言えば、日本のデパートやスーパーなどの大型小売店の2015年の年間売り上げ合計に匹敵する。

『中国経営報』（11月14日付）によれば、この日のために、現場スタッフ268万人、トラック36万5000台、貨物飛行機280機が動員されたという。中国人の日本での「爆買い」ブームに影が差したと言われるが、中国国内ではしっかりと「爆買い」を続けているのだ。

この日の企業別売上高ランキングでは、ユニクロが全体の6位にランクインされた。ユニクロは、2016年12月末現在で、中国国内に514店舗を展開している。日系企業の縮小が相次ぐ中で、ユニクロは中国市場で攻勢をかけている「少数派」で、柳井正会長兼社長は、「中国でまずは1000店舗を目指す」と言明している。2013年秋には、売り場面積約8000平方メートルという世界最大の旗艦店を、上海にオープンさせた。

オープンから丸3年が経ったその旗艦店にも、足を運んでみた。淮海中路と茂名南路の交差点に建ち、地下鉄1号線の陝西南路駅に直結した5階建ての店舗だった。

この付近は１００年前から、国際都市上海の文化の中心地として栄えた。交差点のはす向かいには、１９３０年に建った上海文化の殿堂「国泰電影院」（CATHAY THEATRE）が、往年の名残をとどめている。

上海も、１９３７年から１９４５年まで日本占領時代を経験しているだけに、いまだに反日感情が残っている。それにもかかわらず、文化の中心地にユニクロが聳え建っていることは、上海人が現代日本文化を素直に受け入れていることの象徴であるように思える。

興味深かったのは、ユニクロの5階が、「ユニクロ＆ディズニー」のコーナーになっていて、日米を代表する企業同士がコラボを組んでいることだった。

上海ディズニーランドは、第1章で述べたように、２００９年11月、オバマ大統領の初訪中を記念して認可され、２０１６年6月16日にオープンした。記念式典には、北京から汪洋副首相も駆けつけた。

同年秋に上海ディズニーランドに家族連れで行ってきたという日本人駐在員にも話を聞いたが、こう語っていた。

「9月の中秋節（旧盆）の直前に行ったのですが、平日の月曜日にもかかわらず、結構混んでいました。人気の最新アトラクションは2時間待ちで、定番の『カリブの海賊』も30分以上並びました。１９８３年に東京ディズニーランドがオープンした時の記憶がありますが、あの時の東京ディズニーランドよりもサービスは上です。帰り道で家内も子供たちも、『中国にいる気がしなかった』と言っていました」

ユニクロの淮海中路を隔てた向かいには、1900年オープンの老舗『南翔饅頭店』が営業している。

店内に入ってみると、そこはユニクロやユニクロ地下のGUで買い物をした若者たちの溜まり場と化していた。地元の若者たちが、ユニクロやGUの袋を横に置いて、名物料理の「蟹黄灌湯包」（ストローで啜るカニみそ入りの大型の小籠包）を啜っている。店内には、1998年にクリントン大統領夫妻が店を訪問した時の巨大なパネル写真が飾られていた。日本やアメリカが、すんなりと溶け込めてしまうところが、国際都市上海の奥深さである。

「双十一」の話に戻ろう。前出の銀行家は、中国人の消費生活を牽引しているアリババについて、次のように解説した。

「アリババのすごさは、顧客のビッグデータに基づき、最適在庫のシステムを取り入れていることだ。例えば今年の『双十一』で、顧客のビッグデータに基づき、上海地区で海爾《ハイアール》の冷蔵庫は1万台売れるとの予測を立てた。そのため、あらかじめ市内の倉庫に、1万台分の冷蔵庫を確保しておいたのだ。すべての商品をこのようにビッグデータで管理しているからこそ、1日で見ると世界最大規模の販売量を、72時間以内に顧客のもとに届けられるのだ」

この「双十一」については、問題点も指摘されている。２０１５年12月29日に国家発展改革委員会が発表した「双十一総合信用評価報告」によれば、「バーゲンセール」を謳っているもののの、実際に値を下げていたのは34・６％の商品にすぎず、逆に53・６％の商品が値上げしていたという。また、２０１５年の「双十一」で販売された２４５３万４０００点の商品のうち、11・１９％と１割以上が返品されていた。

さらに、２０１６年の「双十一」を前に、国家品質監督検験検疫総局が代表的な５７１品目の商品について品質調査を行ったら、実に17・３％にあたる99品目が欠陥商品であることが判明した。

だが、こうした問題が起こっているものの、やはり恐るべきは中国人の消費パワーである。銀行家が続ける。

「なぜアリババが顧客のビッグデータを取れるかと言えば、電子マネーのアリペイ（支付宝《ジーフバオ》）によって、顧客の個人消費データを把握しているからだ。一人ひとりの顧客が、収入がいくらで、どんな家に住み、家族構成がどうなっていて、いつどんな商品をどれだけ買っているかといったことを、すべて把握しているのだ。

把握するどころか、顧客の信用評価までやっている。例えば私は現在、５点満点に近い評価を得ている。そのため、よく中国国内の出張に行くが、ホテルのフロントで最初に１回スマホを翳《かざ》すだけで、チェックアウトすら必要ないのだ。

こうした電子マネー、ビッグデータ、信用評価といったシステムは、中国の方が日本よりも、はるかに先を行っている。もうただのECの枠を大きく超えるようになったため、馬雲会長は、2017年から『電子商務』(EC)という言葉を止めて、『新零售《シンリンシャオ》(新たな小売)』と呼ぶと宣言した」

たしかに、上海市内で買い物や食事などをする時、外国人の私が財布から人民元紙幣を取り出すと、店員から「あら、現金ですか?」と言われたり、奇異な目で見られるようになった。上海ではいまや、青色のアリペイか、緑色の「微信支付《ウェイシンジーフ》」の電子マネーで支払いを済ませるのが常識となっているからだ。

アリババはさらに、中国の農村部にダイナミックな消費革命を起こしている。2014年10月に、本社がある浙江省で始めた「農村淘宝《ノンツンタオバオ》」である。

中国の農村部には、「小売部《シャオマイブ》」と呼ばれる計画経済時代からの鄙《ひな》びた小売店がある。そうした施設を改装し、パソコンを持ち込んでアリババのサービスセンターにして、それまでECとは縁遠かった農村の人々を呼んで、パソコン画面を見せながらECをサポートするシステムである。100億元(約1700億円)を投資し、全国に10万ヵ所のサービスセンターを作るとしている。実際、「農村淘宝」はこの2年余りで、農村の人々の生活を一変させてしまった。

アリババは2017年2月3日には、「今夏から新たに『Buy+』（バイジア）のサービスを始める」と宣言した。これはスマホと専用メガネをドッキングさせて画面を見る3次元のネット・ショッピングのことで、消費スタイルを一変させることになるだろう。

「いまさら中国」ではなく「いまだから中国」

上海で、日系企業の動向を専門に調査しているのが、JETRO（日本貿易振興機構）上海代表所である。2016年11月、虹橋地区にあるJETRO上海代表所を訪ねた。

小栗道明所長に、約2時間にわたって話を聞いたが、前日に会った上海人の銀行家とよく似た話をするので驚いてしまった。以下は、小栗所長との一問一答である。

私「まず現在の華東地域の現状認識について教えてください」

小栗「1万ドルクラブと俗に言う、市民1人あたりの年間平均所得が1万ドルを超える都市、及び社会消費品小売総額が年間1000万元を超える都市が、上海市に加え、江蘇省8市、浙江省7市に上っています。これら1市2省の人口は、日本の人口に近い約1億1000万人。この華東地域の2015年のGDPは、何とインドの同年のGDPを上回っているのです。

中国全土で見ても、２０１０年から２０１５年の5年間で、年間所得が1万ドルを超える層は、1億２１３４万人から2億７６６２万人へと、1億５５２８万人も増えています。

２０１５年のＧＤＰに占める第３次産業（サービス業）の割合は、上海が67・８％に達していて、浙江省49・８％、江蘇省48・６％と、両省とも２０１６年には過半数に達する見込みです。賃金の上昇率が毎年10％ほど（２０１５年は10・1％）あるので、コスト増に伴って製造業は徐々に頭打ちになってきていますが、賃金が上がった分、消費も増えていて、２０１５年の消費の伸び率は10・７％に達しています。

私自身は、１９９５年以来、上海を見続けてきましたが、２０１０年の上海万博を機に、それまでのインフラ整備を中心とした外見上の変化から、マナーや文化といった内面の変化、質的変化に移行していったことを、強く感じています。

一例をあげれば、中国の春節（旧正月）と言えば爆竹ですが、２０１６年2月の春節時に、上海市政府が『環境に悪いので、外環状線内の爆竹を禁止する』と通達を出しました。すると２４００万上海市民は、『爆竹を楽しむより、ＰＭ２・５を減らそう』と一致し、一切音が鳴りませんでした。4月から上海市が交通ルール遵守キャンペーンを始めましたが、それも市民が受け入れ、交通渋滞がずいぶん緩和しました。

そういう意味では、中流化した華東地域の人々は、日本人の感覚に近くなってきたと言えます。華東地域はすべての指標において、中国全土に先行しているので、今後は中国全土の都市が、徐々に同様になっていくものと思われます」

私「上海を始めとする華東地域は、中国国内で日系企業が最も多く進出していますが、最近の傾向はどうでしょうか？」

小栗「10年前には早すぎた日本製品の品質やサービスが、いまこそ中流化していく華東地域で求められている気がします。華東地域の人々が、劇的な変化を遂げつつあって、一足先に1億総中流化した日本の経験が活かせるのに、日本人の中国に対する見方は、十年一日のように変わっていない。それによって、大きなビジネスチャンスを見逃してしまっていることが、残念でなりません。

こちらへ赴任している日本人駐在員の方々は、日々肌身で感じているのですが、日本の本社の考え方が旧態依然としていたり、チャイナリスクを過度に考えたりして、引いてしまう。

日本人の中国訪問者数は、2010年の373万人から2015年の249万人へと、3分の2になりました。観光客は114万人から39万人に減り、ビジネス客も92万人から77万人へと減っています。

中国の輸入におけるシェアの推移を見ても、日本は２００５年の15・２１％から２０１４年の８・３２％と、約10年で７％近く落としています。この間の中国への輸出の伸びも、日本は１・６２倍にすぎず、各国・地域平均の２・９７倍を大きく下回っています。

上海日本人学校の児童・生徒数も、この３年で３３００人から２４００人へと減りました」

私「華東地域で、これからビジネスチャンスだと思われるのは、どんな分野ですか？」

小栗「特にあげるとしたら三つあります。それは中間層市場、乳幼児市場、高齢者市場です。

中間層市場というのは、例えばこれまでは、郊外型のウォルマートやカルフールで、一週間分の買い物をまとめてしていたような人たちが、近所のコンビニで、よりきめ細かいものを日々買い求めるようになった。そのため、日本のファミリーマート（全家《チュエンジア》）やローソン（羅森《ルオセン》）が、上海で大人気です。ローソンは、上海へ進出してちょうど20周年ですが、ようやく上海市民の生活が、コンビニ文化にマッチしてきたのです。

乳幼児市場は、長く一人っ子政策が続いたため、『シックス・ポケット』という言葉があります。一人の子供に対して、両親とそれぞれの祖父母の計６人の財布が面倒をみるということです。そのため、乳児用のおむつ、哺乳瓶から子供の教育サービスまで、非常に伸びてきている市場です。

また、中国の65歳以上の高齢者数は1億３０００万人に達していて、すでに日本の総人口を超えています。国連の予測によれば、２０４０年には3億人を突破します。

そのため、いち早く高齢化社会を迎えた日本の高齢者用商品は、何でもほしい。福祉用車両、車椅子、歩行器、杖、高齢者用浴槽、便器、便座、紙おむつ、補聴器、見守り装置、手すり、自助具、リハビリ用機材、高齢者向き食品・食器、血圧計などの家庭用医療器具、マッサージチェアなどなどです」

私「いま日本企業に望むのは、どのようなことでしょうか？」

小栗「よく日本の経営者から、『いまさら中国ですか？』と聞かれますが、私は『いまでしょう！』と答えています。

私が日本企業に望むのは、トップが来て中国の『生の空気』を感じてほしいということです。最近気づいたのですが、こちらで業績を伸ばしている日本企業は、年に一度、取締役会を中国で開いている会社が多い。こちらで経営者が『生の空気』を感じると、中国市場からの撤退や縮小よりも、どこに積極的に投資していこうかという方向に頭が向くからです。

内閣府の調査（２０１６年12月発表）によれば、回答者の80・5％が、中国に対して『親しみを感じない』と答えています。別に中国を嫌いでも構わないのですが、ビッグチャンスが到来しつつある中国で、したたかに稼ごうよと言いたいです」

上海を席巻する自転車シェアリングサービス

インタビューを終えた後、小栗所長に、「上海生活での趣味は何ですか?」と聞いたら、「これですよ」と言って、スマホを取り出した。それは、「摩拝単車《モーバイタンチャー》(MOBIKE)」のサイトだった。

モバイクは、モバイル(移動)とバイク(自転車)を合わせた造語で、公共自転車シェアリングの会社である。中国政府は「インターネット・プラス」(インターネットを使った新産業)の発展を国家目標に掲げているが、モバイクはこの分野で、2016年上海最大のヒット企業となった。

創業者の王暁峰社長は、1997年にアモイ大学を卒業し、上海のP&Gに入社。9年間勤めた後、上海女性との結婚を考えていた時に、北京転勤を命じられて退職。上海のグーグルに転職するが、3年後にまたもや北京勤務を命じられて退職。騰訊《テンセント》(中国版LINE「微信《ウェイシン》」の運営会社)を経てUber《ウーバー》上海代表になったが、2015年12月に退職。モバイクを設立した。

モバイクのシステムについては、愛用している小栗所長に話してもらおう。

「いま上海の街のどこにでも、赤いタイヤのモバイクが置いてあります。299元の保証金を払えば誰でも会員になれ、スマホをかざせば自動的に開錠されます。

自転車の使用料は、30分あたり1元で、基本的にどこへ乗り捨てても構いません。家の前に置いてもいいし、レストランの前で停めても大丈夫です。GPSですべての自転車の位置を把握しているので、次に自分が乗りたい時は、スマホで最寄りの自転車を探せばよい。探したらその自転車を予約し、乗るまでに15分キープできます。

会員は最初に100点の信用評価をもらい、1回乗るごとにルールを守れば、1点が加算されます」

小栗所長はすでに97・2キロも乗って、140点の信用評価を得ていた。

モバイクは、2015年12月7日、上海市徐汇区と黄浦区で「仮営業」を開始した。上海は、折からのPM2・5による空気汚染によって、「脱自動車」が奨励されていた。温室効果ガスを大幅に減らす「パリ協定」が妥結したのもこの時期で、中国は世界最大の温室効果ガス排出国として、それらを減らす使命を負っていた。そんな時代風潮の後押しも受けて、仮営業は大成功を収めた。

2016年4月22日、モバイクは上海で正式に稼働を始めた。その翌々日に上海市楊浦区と正式に契約し、楊浦区での配車が始まった。7月25日には、「上海の銀座通り」こと南京東路で配車を開始。8月に入ると、上海全市での配車が決まった。9月1日には、上海市トップの韓正党委書記がモバイク社を訪れ、今後の展開について王暁峰社長らと話し合った。

こうして瞬く間に、モバイクは上海市を席巻していった。私が泊まっていたホテルがある静安区の状況を確認してみたら、区内の16ヵ所にモバイクの自転車置き場を設置していた。

上海市には現在、1人あたり0・5台、すなわち約1200万台の自転車があるというが、モバイクは100メートルに1台、計8万台の自転車を設置することを、当面の目標に掲げている。

こうしてモバイクは、わずか半年のうちに、2400万都市を席巻してしまったのだ。この先もモバイクが、順風満帆に進んでいくという保証はどこにもないが、これがダイナミックな中国市場の醍醐味である。

中国版Uberの快進撃

私は、上海虹橋駅から高速鉄道「和諧号」(中国の新幹線)に乗って、北京へ向かった。

改札口のあたりが何やら騒がしいと思ったら、朝9時20分に、2016年の「5億人目の客」が、改札口を通過したのだという。2015年には上海虹橋駅を、4億9100万人が通過しており、２０１６年の目標は5億５０００万人だそうだ。これは中国全土の約5分の1規模にあたる。

一般の電車は上海駅などが起点となっていて、上海虹橋駅は、２０１０年の上海万博に合わせて、高速鉄道専用駅として開設された。だがすでに、この駅で年間5億人以上が乗降しているのである。ちなみに東京駅の新幹線の年間乗降客数は、約1億２７００万人にすぎない。

私はこれまで、「和諧号」に50回くらい乗っているが、常に全席満員である。これは、１００回以上乗ったことがある中国国内便の飛行機でも同様だ。中国国内の景気がよくないとはいえ、鉄道の便も飛行機の便も、まだまだ伸びしろがあるということだ。

「和諧号」の座席には、背もたれの頭を置く部分にも広告が入っている。そして「次の駅は○○で、到着時刻は△時△分です」という車内放送が流れる時も、「この案内放送は××社の提供でお送りしております」という広告が、駅名を告げる前と後に入る。このあたりは、日本以上に市場経済である。

北京へ向かう車窓から見る風景も、一昔前とは激変していることに気づいた。以前は一面の黄土が広がっていたが、いまはずいぶんと緑が増えた。また畑の区画整理がなされ、灌漑施設が整ってきた。加えて農村地帯にも、低層の新築マンションが増えてきた。農村も、それなりに現代化が進んでいる。

北京南駅に到着すると、こちらの話題は、モバイクではなくて「滴滴出行《ディーディーチューシン》」で、街のあちこちに広告看板が出ていた。

中国における「インターネット・プラス」の象徴とも言えるこの会社について詳述するため、２０１６年８月に北京を訪れた時の体験をお伝えしたい。

立秋も近くなった北京首都国際空港に降り立つと、２０１５年末まで空港ロビーの壁に掛かっていた「中国人寿」（中国最大の国有生命保険会社）の大型パネル広告が取り外されていた。代わって掛かっていたのは、「滴滴出行」という、これまであまり聞き慣れなかった新興ＩＴ関連企業の広告。これは、自動車配車ウェブサイト及び配車アプリＵｂｅｒの中国版である。

北京空港に降り立った時は、なぜこのような新興企業が、「北京空港の顔」とも言うべき位置に大型広告を出しているのかが、理解できなかった。だがその後、中国に2週間滞在しているうちに、「滴滴出行」は、まさに14億の中国人に「生活革命」とも言えるほどの巨大な変化をもたらしていることを知ったのである。

日本ではＵｂｅｒが認可されていないので馴染みがないが、２００９年に米サンフランシスコで始まった、いわば「合法的白タク」である。アメリカのような広大な大陸では、路上でタクシーを待っていても一向に来ないし、タクシー会社に電話しても、遠くて来てくれないというケースがままある。

そこで、スマホからＵｂｅｒのサイトに入って目的地を入力すると、近くに車がある一般人の「運転手」が連絡をくれる。そこで「ＯＫ」ボタンを押すと、たちまち駆けつけて、目的地まで運んでくれるというわけだ。料金は距離と時間に応じた金額で、タクシーよりもかなり安く、しかもクレジットカード決済なので利用者は安心である。

結局、２０１６年8月、私は中国に２週間滞在し、計13回も「滴滴出行」を利用したのだった。最初に乗ったのは、北京の国際貿易センターから北京外国語大学までだった。

まず、スマホの「滴滴出行」のアプリで行き先の「北京外国語大学」を入力する。すると計9人の運転手から、すぐにオファーが来た。

私は、うち一つのオファーのボタンを押した。そして国際貿易センターの裏手で待っていると、呼んでから2分足らずで、フォルクス・ワーゲンの新車に近い車が現れた。

運転手の車番と停車位置が私のスマホに掲示されるので、迷うことがないし、到着すると運転手からスマホに電話がかかってきた。乗ってみると、韓国現代自動車製エラントラに統一されている古くさい北京のタクシーとは雲泥の差で、頼みもしないのに冷房をつけてくれた。

料金は、タクシーなら65元くらいするところが、43・2元と、約３分の２で済んだ。厳密に言うと、１・5キロあたり1元（約17円）、プラス1分あたり０・2元である。朝夕のラッシュ時や深夜は、それぞれ1・7倍になる。

運転手はタクシードライバーとしては素人だが、「高徳《ガオダー》」という大変有能なナビゲーションシステムをインストールしているので、100メートルおきくらいにナビの女声が方向を指示してくれる。おせっかいなことに、公安が設置した監視カメラの位置まで伝えてくれる。

運転手の28歳の青年は、こう述べた。

「私は河北省の出身で、2015年4月に、北京の工事現場の運転手を辞めて、『滴滴出行』の運転手になりました。その時に、ワーゲンの車をローンで買ったんです。当時は10万元（約170万円）以上の車を持っていないと、運転手になれなかったからです（現在は5万元以上）。客からもらう代金のうち、『滴滴』が2割取って、残りの8割が私の懐に入ります。始めた当初は、それまでの約5倍にあたる、1ヵ月2万元（約35万円）以上の収入がありました。

ところが2016年に入って、同様の車が北京で20万台にもなったため、思うように客が取れなくなった。それでライバル車が多くて客が少ない土日は休むことにしました。いまは1日300元、月に20日働いて、6000元（約10万円）くらいまで収入が減りました。

私の場合、北京戸籍がないので、北京の車番が取得できない。そのため朝7時から9時と、夕方5時から8時に、北京の第5環状線の中に入れないのがネックです。また、自動車保険からガソリン代まで、すべて自己負担なのも辛い」

何度か「滴滴出行」の車に乗っているうち、運転手は大卒のインテリ青年が多いことに気づいた。大学は卒業したものの、パッとする就職先が見つからないので、しばらく親の車を借りてバイトしているというパターンだ。北京のタクシー運転手とはずいぶん違う紳士なのである。

また運転手たちと会話していて、「90後《ジウリンホウ》（1990年代生まれ）」と呼ばれるいまの中国の若者たちは、政府に対しても社会に対しても、ストイックな眼差しを向けていることも知った。その点、「さとり世代」と呼ばれる日本の若者世代と似ている。

思えば、私は2012年まで北京に住んでいて、日本では想像もできないほどの劣悪なタクシー事情を経験してきた。北京は急速な経済発展に伴い、世界最悪の渋滞都市と化したことから、タクシーの総量を7万台に制限していた。当時は地下鉄も不便で、タクシーは2キロまで10元（約170円）と格安のため、「市民の足」になっていた。

だが問題は、需給関係が完全に崩壊していたことで、空車のタクシーを拾うのは困難を極めた。たまに客が降りると、次の客が四方から殺到してきて、客同士のケンカになる。たいていは声の大きい者が勝つのだが、行き先を告げても、運転手が「そんなところには行かねえ！」と捨て台詞を吐いて去ってしまう確率が、半分くらいあった。とにかく「党書記よりも市長よりもタクシー運転手の方が偉い」と言われたほどで、北京でタクシーというのは、「運転手に頭を下げて乗せていただくもの」というイメージだったのだ。

そこに2012年9月、Uberを真似た「滴滴出行」が参入してきたというわけだった。「滴滴出行」の創始者は、1983年、江西省上饒市生まれの程維CEOである。南部の片田舎から北京化学工業大学に入学した程氏は、卒業後、北京で保険の販売員やフットマッサージ店の店員など、七つか八つの仕事を転々とする。つまりは「北京によくいる青年」だった。

2005年に、アリババの子会社に販売員として就職した程氏は、次第に頭角を現し、6年で子会社の事業部副社長にまで出世した。2012年6月、世界各国でのUberの成功に目をつけた程氏は、タクシー不足の中国ではさらに成功すると確信し、独立。仲間と3人で、小桔科学技術有限公司を創立した。これが後の「滴滴出行」である。

程社長らは営業活動を開始したが、最初は100社以上のタクシー会社やレンタカー会社に断られまくった。ようやく同年8月に、200台を保有する北京市昌平区の銀山タクシーが協力してくれることになったため、9月から営業を開始した。だが、最初に協力してくれた運転手は、わずか16人で、2日目にはそのうち8人がやめてしまった。

それでも「騰訊《テンセント》」が、この会社の成長性に目をつけ、2013年4月に1500万ドルを出資。これが追い風となって「滴滴出行」は、この年のアップルストアの優秀企業に選ばれた。さらに翌2014年1月には、騰訊が再び3000万ドル出資したのを始め、出資が相次いだ。そして同年3月に、中国全土で登録者数が1億人を突破し、運転手登録者数も100万人を突破したのだった。

この勢いは2015年になっても止まらず、同年年末には「滴滴出行」の累計利用者数が14億3000万人に達した。これは本家の米Uberの2倍近い数字だ。2016年5月には、米アップル社が「滴滴出行」に10億ドルを出資すると発表。そして8月1日には、ついに「滴滴出行」が「優歩《ヨウブー》」（Uber中国）を合併すると発表したのである。

このように、わずか4年で凄まじい快進撃である。チャイニーズ・ドリームを体現した程維CEOは一躍、IT業界の寵児となった。

中国当局は当初、『滴滴出行』は白タクである」として、取り締まろうとした。たしかに私が住んでいた頃から、北京では白タク（中国では「黒車《ヘイチャ》」と呼ぶ）と公安（警察）とのイタチごっこが続いていた。そのため、白タクに乗った際には、外から公安に見られてもいいように、持っている新聞紙に紛れ込ませて代金を渡したり、公安に尋問された時に備えて、運転手の名前と出身地、生年月日を暗記したりした。つまり客の側も、一抹の罪悪感を抱いていたのだ。

「滴滴出行」は、これを公然とビジネスにしたのだから、公安やタクシー業界からは批判の嵐となった。中国共産党中央委員会でも、「滴滴出行」をどう扱うべきかが議論の的になったほどだ。ところが、「滴滴出行」を研究すればするほど、中国社会にとってマイナス面よりもプラス面の方が多いことが判明したのである。

第一に、失速していく中国経済を挽回しようと、習近平政権は「インターネット・プラス」というキャッチフレーズで、IT大国化の目標を掲げていたが、目玉となる企業が、「BAT」（バイドゥ、アリババ、テンセント）のIT御三家くらいしかなかった。第二に「滴滴出行」は、タクシー不足にあえぐ中国国民から、圧倒的な支持を得ていた。

第三に、5000万人近くに上ると言われる「無業遊民」（主に若年層の失業者）に、就業の機会を与えたことも大きかった。

年間790万人もの大卒者を出す中国で、習近平政権は年間1000万人の新規就業を公約している。だが経済失速に伴い、「無業遊民」は増加する一方で、政府は頭を悩ませていた。そんな時、これまで家でプラプラしていた若者たちが、親や親戚などの車を使って「運転手」になるという「就業革命」が起こったのだ。おかげで政府は就業目標を順調に達成している。

こうしたことを踏まえて、2016年7月28日、ついに交通運輸部、経済工業情報化部、公安部、商務部、工商総局、質検総局、国家インターネット情報弁公室の関連7官庁が、「インターネット予約タクシー経営サービス管理暫定弁法」を公布した。これによって、この「弁法」が施行される同年11月1日から、「滴滴出行」などの合法化が定められたのである。

「弁法」の全40条を順に読んでいくと、「座席数7席以下の乗用車に限る」（第12条）、「運転手は3年以上の運転経験者とする」（第14条）、「走行距離60万キロを超えた車は強制的に廃車とする」（第39条）などとあるが、「滴滴出行」側の完全勝利と言えた。

同社は、この「弁法」が公布されるのを待って、8月1日に「優歩（Uber中国）」の買収を発表した。程維CEOは、本家の米Uber社の取締役も兼任することになった。

だがその後、「滴滴出行」には、新たな問題が二つ巻き起こった。一つは、買収による独占禁止法への抵触である。

2015年末時点で、中国のインターネット配車業界の市場は、「滴滴出行」46・6％、「神州」39・9％、「優歩」7・2％、「易到」6・3％となっていた。だが2016年に入って、「滴滴出行」と「優歩」が業績を伸ばしたので、合併後の「滴滴出行」は、シェア7割近くに達した。そうなると、独占禁止法に抵触する可能性が出てくるのである。

もう一つの問題は、「滴滴出行」に合併される「優歩」の社員約800人の引き抜き合戦である。業界2位の「神州」の陸正耀社長は、早くもこの合併劇から3日後の8月4日、「わが社に転職してくる『優歩』社員には、6ヵ月分の特別給与を支給する」との声明を発表した。この発表を知った「易到」の周航社長も続いた。

「わが社も同様に、『優歩』から転職してきた社員に6ヵ月分の特別給与を支給する。IT業界というのは、つまるところ人材獲得競争なのだから、人材には資金を惜しまない」

これに対して、守る側の「滴滴出行」（優歩）も、負けじと声明を発表した。

「合併後に残ってくれる『優歩』社員には、基本月給6ヵ月分と、株式換算した一定額を支払う。支払いは、合併後1週間以内に半額を、合併して1ヵ月後に残りの半額を支払う」

こうした人材獲得競争が過熱する中、「優歩」の社員が、合併後1ヵ月間は会社に残り、その後ライバル会社に転職して、合わせて給与1年分を手にするというケースが相次いだのだった。中国人には、日本人のような「愛社精神」は皆無で、カネがすべてなのである。

そして2016年11月1日、「滴滴出行」が待ちに待った合法化の日がやってきた。

だが、私が上海から北京へ来て、8月の時のように「滴滴出行」で車を呼んでも、車がやってくるまでだいぶ時間がかかるようになった。夏には2〜3分で来ていたのが、寒空の中、最長で20分も待たされた。これではタクシーに乗った方がマシというものだ。

運転手に聞いてみると、合法化と同時に、北京戸籍保有者以外の運転を禁じたため、運転手が激減したのだという。さらに、ライバル他社に運転手がどんどん移っていっていると証言する運転手もいた。

ネットメディア『界面』(11月17日付)は、「ダモクレスの剣の下の滴滴出行」という興味深い記事を出した。「ダモクレスの剣」とは、王になろうとしたダモクレスに、王がダモクレスを王座に座らせて、その頭上に毛髪で吊った剣をかざして、「王とはこのような危険と常に隣り合わせにある存在だ」と伝えたというギリシャ故事だ。記事の要旨は以下の通りである。

〈「滴滴出行」の見通しが不透明になってきた。同社が1000人の首切りを決めたという噂が立っているが、滴滴側は「北京に新社屋を建設中で業績は順調だ」として否定した。

滴滴にとって、合法化はダモクレスの剣のようなもので、例えば上海市の場合、41万人いた運転手の中で（上海戸籍を保有する）合法な運転手は1万人に満たなかった。加えて、運転手の取り分を上げないと、運転手はライバル社に移る一方だし、逆に運転手に手厚くすると、客から取る額を多くせねばならず、今度は客の方がライバル社に逃げてしまう。

計100億ドルも各所から融資を受けている滴滴は、ここで白旗を上げるわけにはいかない。滴滴はいま、最大のライバルであるタクシー業界との協業も見据えている〉

「モバイク」や「滴滴出行」がこの先、どうなるかはわからないが、こうした「インターネット・プラス」の新興企業が、これからも中国で続々と現れることは間違いない。

李克強首相が演説でよく引用するセリフだが、「中国では毎日1万社以上の会社が登記されている」。もちろん1万社というのは玉石混淆、というより死屍累々かもしれないが、中には「モバイク」や「滴滴出行」のように、大化けする新興企業もあるのだ。

中国で作れないものは日本から買う

北京で、そんな中国の「インターネット・プラス」に目を光らせ、投資している日本人がいる。NTTデータ（中国）投資有限公司チーフ・ストラテジー・オフィサーを務める新川陸一氏である。

新川氏は2008年から2012年まで、日本銀行北京事務所長という要職に就いていた。ちょうど私が北京に駐在していた時期と重なっていて、金融面から見た中国や日中関係について、たびたびご教示いただいたものだ。

新川氏は、任期を終えて帰国したが、まもなく日銀を退職。NTTデータに転職し、2015年の年初より、再び北京で活躍している。

2016年11月、そんな新川氏と、日本銀行北京事務所が入っている国際貿易センター1階の馴染みの広東料理店で、飲茶《ヤムチャ》のランチをご一緒した。

私が開口一番、「北京での『投資家』としての生活はいかがですか？」と聞くと、目を細めながら答えた。

「子育ての経験がある人なら、子供が一日一日、着実に成長していくのを傍で見守る気分がわかるでしょう。もしくは、毎日水をやっている植物が、日一日と成長しているのを見るような。こちらにいると、そうした成長を、まるでビデオの早回しで見ているような気分ですよ」

中国に愛情を持っている新川氏らしい表現だった。「それでは、実際に中国のＩＴ業界において、日本企業とはどんな部分で協業できるでしょうか？」。

これが、私が発した２番目の問いだった。すると新川氏は、とたんに表情を曇らせ、運ばれてきた焼売《シューマイ》を立て続けに頬張った後で、ポツリと答えた。

「正直言って、ハードルは高いですね。日中のビジネス・カルチャーが、まるで違いますから。

中国のＩＴ業界は、日進月歩。それだけに投資は、常に即断即決の世界で、待っても３ヵ月が限度です。これに対し日本側は、じっくり慎重に見極めて、１００点満点の結論を出そうとする。だから両者は嚙み合わない。

中国は、固定電話が普及する前に携帯電話の時代になり、実店舗が発展する前にＥＣの時代になり、クレジットカードが普及する前に電子マネーの時代になった。つまり後発組の中国の方が、それまで真っ白だった分、一歩一歩前進してきた日本を追い抜いてしまっているわけです。

加えて、中国には『悪知恵が技術を進歩させる』という言葉もある。次々に悪知恵の働く者が技術の抜け道を発見するから、対策を講じているうちに、技術が進歩していくわけです。と言っても、中国が画期的な最先端技術を開発しているわけではなくて、アメリカなどからの輸入や買収が多い。それでも14億の市場がある分、数で圧倒し、『滴滴出行』が本家アメリカのUber中国法人を買収してしまうようなことが起こるわけです」

かつて北京で3年間、日中ビジネスの現場に身を置いていた私には、「日中のカルチャーが違う」という新川氏の指摘は、十分理解できた。

日中両国の企業同士が提携する場合、日本側は細部を詰めてから提携関係を決めようとし、中国側はまず提携関係を決めてから細部を詰めようとする。契約書を交わす際にも、日本側は細部にわたって水も漏らさぬ契約書を作成しようとし、中国側はまず大まかな契約書を交わして協業しながら、問題が起こったら契約書を修正すればよいと考える。

仕事の進め方も、日本企業は基本的に下から上へのボトムアップ方式であり、中国企業は完全なトップダウン方式である。私は北京に駐在していた当時、北京から東京までは2200キロ、飛行機で3時間分しか離れていないのに、地球の裏側を4万キロ近く回ってようやく辿り着くくらいの「文化的距離感」を感じていた。

まるで同じ競技場で、日本人はマラソンを走っていて、中国人は100メートル走を走っているようなものだった。ビジネスに対する視点と姿勢が、根本的に異なるのだ。この「差異」

が克服できれば、日中貿易は現行の年間3000億ドル規模ではなく、その10倍はいくだろうと思っていたものだ。

それでは中国市場において、日本企業にチャンスはないのか？　新川氏は、今度は明快に答えた。

「そんなことはありません。中国で作れないものは、相変わらず日本から買うからです。例えば、中国での工業ロボットのシェアトップはファナックで、安川電機も4位につけています。もっとも、シェア2位のドイツのKUKAを、2016年夏に中国大手家電メーカー『美的』が買収してしまいましたが」

別れ際、新川氏はポツリと言った。

「三里屯《サンリトン》（北京の繁華街の一つ）に、私の行きつけの旨い日本のラーメン店があるんです。味覚の肥えた中国人を連れて行っても、旨い旨いと言って食べる。ある時、日本人店長に、千客万来の秘訣を聞いたら、何と一人ひとりの客を見定めながら、ラーメンの味付けを変えていると言うんです。例えば、薄味が好きそうな中国人客には塩加減を減らして出すとかです。

日本人ってすごいと思いません？　こんな繊細な芸当、中国人には絶対に真似できません」

『君の名は。』の大ヒット

新川氏が語る「中国で作れないものは日本から買う」ということを、2016年末に証明したのが、12月2日に中国で公開された新海誠監督のアニメ映画『君の名は。』だった。公開わずか4日で興行収入が3億元（約50億円）を突破し、1カ月でアメリカ映画を除く外国映画の興収記録6億元（約100億円）を超えた。「你的名字《ニーダミンズ》。（君の名は。）」は、年末の中国で一番の社会現象となったのだった。

北京で最も人気が高い新聞『新京報』（12月8日付）は、2016年7月に公開された中国産の大型アニメ『大魚海棠』と比較する論評を掲載した。

〈『君の名は。』は、国産アニメ映画『大魚海棠』の教科書と言える。両映画とも少年少女の純愛をテーマにしているが、『君の名は。』の主人公の男女の描き方は、実に繊細かつ豊満だ。『大魚海棠』の中の大魚が紅葉の中を燦爛《さんらん》と遊泳するシーンが典型的だが、わざとらしくて自己満足的である。また、両作品にはともに農村の風景が出てくるが、見ての通りだ（両シーンを写真で示しているが、繊細さや光の濃淡がまるで違う）。

結果、前者の評価はあまりに高くなり、後者の評価はあまりに低くなってしまうのだ〉

『君の名は。』の中国公開に関しては、その破格のヒットとともに、中国人の「国民パワー」の勝利という点も、指摘しておきたい。

私は２００９年から２０１２年まで、北京の日系文化公司で文化事業に従事していたので、共産党政権の外国文化に対する拒絶反応は、日々身に沁みていた。例えば当時、外国映画は年間20本しか配給が許可されず、そのうちアメリカ映画の目安が14本で、日本映画の目安はたったの２本だった。しかも厳格な審査を経て、重要なシーンがカットされたりする。

２０１２年2月に、習近平副主席（当時）が訪米し、ハリウッドを視察した際、「今後は外国映画の配給を増やす」と約束した。それによって、それまでの2倍の年間40本の外国映画の配給が、中国で許可されるようになった。だがその直後に、日本が尖閣諸島を国有化したことで日中関係が悪化したため、日本映画は事実上、締め出された。

このように社会主義国の中国では、外国映画を1本配給するのも大変なことなのだ。しかも習近平政権になってからは、文化面での締め付けが、胡錦濤政権の時とは比較にならないほど厳格になっている。

そのため、日本での公開からわずか3ヵ月余りの日本映画が、中国で公開されるというのは、奇跡のようなことなのだ。これはひとえに、「『君の名は。』を公開してほしい」という中国人の「国民パワー」が結実したものに違いない。すなわち、「国民パワー」が共産党政権の意志を覆したのである。

そう言っても、自由と民主が確立された日本にいると、ピンと来ないかもしれない。そこで一例を示すと、『君の名は。』の中国での公開が始まった時期、習近平主席は何をしていたか。

11月30日、人民大会堂で開かれた中国文学芸術界連合会の第10回全国代表大会に出席した習近平は、演壇に立ち、中国を代表する文化人たちを前に、野太い声で檄を飛ばした。

「文芸戦線は、中国共産党と人民にとって重要な事業だ。文芸界の人間は、社会主義に奉仕しなければならない。社会主義文芸の方向と任務の繁栄発展という目標を一層明確にし、中華民族の偉大なる復興という中国の夢の実現のために、火花を散らして実践するのだ！」

私が同月に訪中した際、習近平の心情について、こんな声が聞かれた。

「習近平主席は、この頃のテレビ番組を始め、いわゆる中国文化が自由になりすぎて、中国共産党を礼賛する社会主義色が欠落していると感じていて、そのことに我慢ならないのだ。言ってみればあの方は、『中国のカストロ』みたいな人だから」

本家のカストロはこの時期（11月25日）に死去したが、「中国のカストロ」は権力の絶頂にある。そのため、すべて国有企業である中国のテレビ局は、習近平の意向を受けて、共産党礼賛番組を作らざるをえないのだという。

「その典型例が、『抗日ドラマ』だ。中国のあらゆる番組が、放映前に国家新聞出版広電総局の検閲を受けるが、『抗日ドラマ』だけは事実上、検閲がない。『抗日ドラマ』においては、中国共産党が正義であることは明白だからだ。作れば百パーセント放映されるということで、スポンサーが付きやすいため、リスクのない『抗日ドラマ』が量産されてしまう」

実際、北京でテレビのチャンネルをつけると、『不可能完成的任務』『伏撃』『無名者』『胭脂』『寒山令』『炮神』『暗戦危城』……と、抗日ドラマ一色と言っても過言ではなかった。

11月30日、習近平が文化面の引き締めを図る演説を行った数時間後に、まるで見せしめのようなニュースを、新華社通信が報道した。それは、４日前の11月26日に、中国で「バラエティ番組の女王」と持て囃される周莉・元江蘇放送局長が、検察に引っ捕らえられたというニュースだった。

周莉局長は胡錦濤時代の２０１０年正月、ＢＳ放送の江蘇衛視で、『本気でないなら構わないで』（非誠勿擾《フェイチャンウーラオ》）というお見合い番組を起ち上げ、中国国民を釘付けにした。24人の素人美女が、彼女募集中の一人の素人青年を質問攻めにしていく番組だ。24人全員がフッた時点で青年は退場となるが、最後まで持ちこたえたら、今度は青年が美女たちをフッていく。毎回、出身地もタイプも異なる５人の素人青年が登場し、24人の美女たちと真剣勝負を行うのだ。

この番組は、毎週土曜日と日曜日のゴールデンタイムに放映されており、放送開始以来、丸７年にわたって「中国で最も影響力がある番組」となっている。私も北京に住んでいた頃は毎週見ていて、かつ北京で番組収録した際に、スタジオ見学をさせてもらったこともあるが、ものすごい熱気だった。２０１６年秋に６００回を迎えたのを機に、男女の役割を逆にしたバージョン（男性24人対女性1人）にしたところ、これがまた大ウケしている。その超お化け番組の生みの親を引っ捕らえてしまったのだ。

「周莉局長の拘束が、中国のテレビ局に与えた影響は大きい。２０１７年の番組編成やスポンサー契約などは、すでに大方終えていたのだが、一部変更を余儀なくされた。すなわち、『もっと共産党礼賛の色を出した番組を作れ』ということだ」

日本のアニメ映画『君の名は。』は、そのような中で公開されたのである。

「新」と「旧」、二つの中国

こうして見てくると、現在の中国社会は、「旧世界」と「新世界」がぶつかり合っている社会と言える。ダブル・スタンダードが共存し、角逐している社会なのである。

「旧世界」とは、これまで見てきたように、社会主義、共産党、「維穏《ウェイウェン》」（治安維持）といった政治の産物の延長線上にある世界だ。これに対して「新世界」は、市場経済、国際化、開放といった経済の産物の延長線上にある世界である。

文化面で言えば、「旧世界」の典型はテレビである。前述のように、テレビは共産党政権の意向に沿って、相変わらず「抗日ドラマ」ばかり放映している。

日本への個人旅行を解禁した2009年7月の時点では、日本にはいまだに、抗日ドラマに出てくるような「鬼子《グイズ》（残忍な日本兵）」が住んでいると信じている中国人も、少なからずいた。

だがいまは、年間637万人（2016年）もの中国人が日本を旅行する時代だ。実際に日本を訪れてみると、イメージとはまったく違う平和で洗練された国であることを発見して驚く。そこで日本旅行から帰った中国人は、誰もが親日派に変身し、日本がいかに素晴らしい国かを周囲に吹聴して回る。すると周囲の中国人も、次の休みには日本へ旅行に行く――そのような好循環が生まれている。

日本旅行ブームを受けて、2015年頃から、北京市内に日本料理店が急増するようになった。朝陽区にある「金地《ジンディ》」というショッピングモールが改装して、レストラン街に10店のレストランを募集したら、多くの中国人経営の日本料理店が名乗りをあげたそうだ。結局、半数の5店が、寿司やうどん、しゃぶしゃぶなどの日本料理店となった。

そういった中国国民が求めている世界が、「新世界」なのである。

文化面で言えば、「新世界」とは、インターネットやスマホの世界だ。中国には現在、多数のネット動画配信会社があり、そこでは『君の名は。』はもちろん、多種多様な日本のアニメや映画、ドラマなどが配信されている。中国の若者たちはいまや、共産党政権が仕切る「旧世界」の産物であるテレビよりも、スマホで配信されるコンテンツの方を見ているのである。

私は毎週土曜日、明治大学で非常勤講師をしていて、70人くらいの学生に「東アジア論」を教えている。そこには中国人留学生も少なからずいるが、2016年度の中国人留学生の中に、「網紅《ワンホン》」がいた。

「網紅」とは、人名ではなく、「ネット界のスター」という意味だ。彼女は毎日、授業が終わると、新宿を始めとする東京の街を散策し、中国人が見て面白そうな光景を動画で撮影して回る。そしてそれをコミカルに解説して、中国の動画サイトにアップする。

その動画を中国の若者たちが見て、PV（ページ・ビュー）の回数によって広告費が割り当てられるという仕組みだ。彼女の場合、多い時で月に100万円ものバイト代が稼げるそうだ。

彼女にそのサイトを見せてもらったが、喫茶店のメニューや路地裏の日本家屋を解説するなど、たわいもないものだ。それで彼女は「網紅」になり、月に100万円の収入を得てしまうのである。

2016年11月に上海へ行って、地元の若者たちと交流した時のこと。彼らから、「あなたは日本の記者だから、シャンシャージーボーのことを教えてほしい」と言われた。私がポカンとしていると、一人がスマホを取り出して、「山下智博」と打った。

私は恥ずかしながら、それでもわからなかった。すると彼らは、「あなたは日本人なのに、本当に山下智博を知らないのか？」と畳みかけてきた。そして彼らのスマホで、山下智博のサイトを見せてもらったのだった。

山下智博は、１９８５年北海道生まれの芸人で、２０１２年に上海へ語学留学に行って以降、上海で芸人活動をしている。２０１４年12月から、日本文化をユニークに紹介する『紳士一分鐘』という自分の動画サイトをネット上に起ち上げ、いまは毎週月曜日と木曜日にサイトを更新している。

例えば、「なぜ日本の30代男性は結婚しないのか」「日本人は冬にどうやって温まっているのか」などなど、身近なテーマを、まるでアニメの世界から飛び出したような調子で、流暢な中国語で解説していく。「ＰＰＡＰ」のピコ太郎が、日本文化を解説しているようなイメージだ。

これが中国の若者たちに大ウケしていて、何十万人という中国人が視聴している。

ニュースにしても、いまの中国の若い世代は、中国中央電視台の習近平礼賛ニュースなど見ていない。いま一番人気が高いのは、スマホのニュースアプリ『今日頭条《ジンリートウティアオ》』（今日のトップ）で、６億人以上がこれを活用している。

ちなみに、２０１７年１月13日の『今日頭条』を見てみると、トップニュースは「習近平総書記がベトナム書記長と会談」だった。「習近平を常にトップに持ってこないと当局に睨まれるため、お飾りで置いておく」という話を聞いた。

だが2番目のニュースは、「四川省宜賓市で彼氏が自分の彼女を使って売春」というものだった。「1回400元（約7000円）で2日間にわたって延べ16人の客からカネを取っていた」というのだ。ここからスマホで、1712人の中国人たちが、このニュースを巡って侃々諤々の議論を行っていた。それらを読むと、いま中国の地方で起こっている様々な問題や若者の意識が読み取れるのである。

こういったものが「新世界」であり、「新世界」が「旧世界」を駆逐していくような状況が、中国で生まれつつあるのだ。

日本にとって幸いなのは、「新世界」の中国人は、基本的に親日だということである。彼らは、テレビの抗日ドラマに代表されるような「中国共産党的世界」を「旧世代のもの」と割り切っていて、それとは違う価値を日本に見出そうとしている。

思えば、日本には長年培ったコンテンツとノウハウがある。一方、中国には潤沢な資金と巨大な市場がある。まさに日本が中国を活用する土壌は整っていると言える。

中国からの投資を呼び込め

２０１６年11月に北京を訪問した時、ＪＥＴＲＯ北京代表所長兼北東アジア総代表の田端祥久氏にも話を伺った。

私が、中国市場や日系企業の動向など、通り一遍の質問をしたら、田端総代表からたしなめられた。

「近藤さん、われわれがいま一番力を入れているのは、中国企業の対日投資なんですよ。１９８０年からつい最近まで、いわば日本企業が一方的に中国に進出してきたわけで、日中ビジネスと言えば、中国で行うものという固定観念があった。

だがこれからは、まったく逆の時代がやって来ます。つまり、中国企業の日本進出が活発化していく時代になるのです」

田端総代表によれば、中国企業の日本進出には、インバウンド（観光関連）、日本製品（部品）の調達、Ｒ＆Ｄ（研究開発）などがあるという。

「例えば、インバウンドでは、中国初の民間航空会社である春秋航空の日本路線開設の支援などをしています。春秋航空はこれまで、茨城空港、高松空港、佐賀空港などの路線を開設してきました。こうした路線が開設されると、日本の地方を訪れる中国人観光客が増えるだけでなく、空港の整備の雇用が増えたり、ホテルやバスへの投資につながったりと、日本の地方経済への波及効果が大きいのです。

日本製品の調達に関しては、日本には優れた技術を持っている中小企業が、数多くあります。中国企業が日本に部品調達の拠点を設けて、これらの企業から部品などの購入を増やすことで、日本の中小企業が活性化するし、市場が大きく広がることにもなります。例えば、最近の中国の携帯電話市場では、ＯＰＰＯ、Ｖｉｖｏ、小米《シャオミー》など、中国企業が躍進していますが、そこで使われる半導体などで日本企業は優れた技術を持っているので、共存共栄できます。

Ｒ＆Ｄに関しては、中国企業の設計拠点としての日本に、注目が集まっています。意欲的な中国の企業は、日本企業による新技術の開発段階から日本企業とすり合わせをしながら、自社の新製品の作り込みを日本で行っています。日本の優れた技術開発環境は、中国企業にとって大変魅力的なのです」

田端総代表が言及した春秋航空は、２００４年に上海で設立された中国初の民間航空会社である。創業者の王正華会長は、１９４４年に日本統治下の上海に生まれ、改革開放初期の１９８１年に、中国初の事実上の民営旅行会社「春秋」を設立。中国のＬＣＣ（格安航空会社）の祖と言われる立志伝中の人物だ。

王会長は早くから、中国人が日本を旅行し、中国企業が日本に進出する時代の到来を予見していた。そのため反日を唱える中国政府の意向に逆行し、日本市場への投資を進めてきたのだ。

春秋航空は、日本が尖閣諸島を国有化して日中が一触即発となった２０１２年９月に、春秋航空日本を設立。２０１７年2月現在、成田空港を拠点として、札幌、大阪、広島、佐賀、武漢、重慶への便を運航している。資本金は１１４億円で、社員数は４１４人だ。

春秋航空グループで２０１６年、54万人もの中国人客を日本に運んだ。同年12月7日から13日までは、片道７３７円からという「７３７キャンペーン」を実施し、話題を集めた。

春秋航空は、日本でのホテル投資も積極的に進めている。２０１６年４月、愛知県常滑《とこなめ》市の中部国際空港から車で10分の場所に、全１９４室からなる「スプリングサニーホテル名古屋常滑」をオープンさせた。今後、さらに２００億円を投資し、５年以内に日本国内20ヵ所にホテルを建設するとしている。

王正華会長は、「自分は常に中国の潮流を先取りしてきた」という自負の持ち主である。今後は春秋航空のように、日本に投資する中国企業が増大していくことが見込まれるのだ。

第1章で述べたように、トランプ大統領の誕生によって、ＴＰＰは事実上、破棄された。そうなると日本としては、日中韓ＦＴＡの締結に本腰を入れていくことになる。

その次のステップは、日中韓＋ＡＳＥＡＮ（東南アジア諸国連合）10ヵ国＋印豪ＮＺの16ヵ国からなるＲＣＥＰ（東アジア地域包括的経済連携）の締結が、視野に入ってくる。ＲＣＥＰにアメリカは含まれておらず、交渉の中心は、アジア最大の経済大国である中国と、第２の経済大国である日本になる。

中国における唯一の日系企業の団体である中国日本商会は、2010年から毎年春に、『中国経済と日本企業白書』を発行している。その最新の2016年版において、加盟日系企業8894社の総意として、中国政府に対する15項目の建議を行っているが、その中に、「日中韓自由貿易協定（FTA）、東アジア地域包括的経済連携（RCEP）の早期締結を要望する」という項目がある。

中国には政治リスクも経済リスクもあるが、「新世界」が「旧世界」を駆逐していくのが、時代の流れというものである。そこには新たなチャンスが広がっており、中国リスクをチャンスに変えることは、十分可能なのである。

日本は、中国から手を引くのではなく、また中国と敵対するのでもなく、中国の政治や経済の状況をよく見極めながら、いかに中国を活用していくかを考えていくべきである。

活中論《かっちゅうろん》 巨大化《きょだいか》&混迷化《こんめいか》の中国《ちゅうごく》と日本《にほん》のチャンス

2017年2月21日　第1刷発行

著　者　　近藤大介《こんどうだいすけ》
装　丁　　倉田明典
発行者　　鈴木 哲
発行所　　株式会社 講談社
　〒112-8001
　東京都文京区音羽2-12-21
　電話　出版　03(5395)3522
　　　　販売　03(5395)4415
　　　　業務　03(5395)3615
印刷所　　慶昌堂印刷株式会社
製本所　　株式会社国宝社

ISBN978-4-06-220490-3 N.D.C.360 19cm　252p